Inhalt

Stefan Dietl

Prekäre Arbeitswelten

Von digitalen Tagelöhnern

bis zur Generation Praktikum

unrast transparent

soziale krise

UNRAST

Bibliografische Information der Deutschen Bibliothek:
Die Deutsche Bibliothek verzeichnet diese Publikation
in der Deutschen Nationalbibliografie; detaillierte
bibliografische Daten sind im Internet über
http://dnb.ddb.de abrufbar.

Stefan Dietl
Prekäre Arbeitswelten
Von digitalen Tagelöhnern bis zur Generation Praktikum
unrast transparent
soziale krise Band 5

1. Auflage, August 2018
ISBN 978-3-89771-143-3

© UNRAST-Verlag, Münster
info@unrast-verlag.de – www.unrast-verlag.de
Mitglied in der assoziation Linker Verlage (aLiVe)
Umschlag: Unrast Verlag
Satz: Unrast Verlag
Druck: Multiprint, Kostinbrod

Einleitung

Vor 15 Jahren, am 14. März 2003, verkündete Gerhard Schröder in einer Regierungserklärung die Pläne der rot-grünen Bundesregierungen zur Umstrukturierung des Sozialsystems und des Arbeitsmarktes, die später unter dem Namen Agenda 2010 bekannt werden sollten.

Erste entscheidende Weichen waren da bereits gestellt. Am 23. Dezember 2002, dem letzten Sitzungstag des deutschen Bundestags vor der Weihnachtspause, wurden das *Erste Gesetz für moderne Dienstleistungen am Arbeitsmarkt* und das *Zweite Gesetz für moderne Dienstleistungen am Arbeitsmarkt,* bekannt als Hartz I und II, verabschiedet. Mit den Gesetzen wurden unter anderem die Grundlage zum Ausbau der Leiharbeit und der Minijobs gelegt, die sogenannten Ich-AGs, sowie die kommunalen Jobcenter geschaffen. Im Zuge der Agenda-Politik folgte mit Hartz III die Umstrukturierung der Bundesagentur für Arbeit und mit Hartz IV die Abschaffung der Sozial- und Arbeitslosenhilfe und die Einführung des Arbeitslosengeldes II. Zugleich wurde ein rigides Sanktionsregime zur Kontrolle und Gängelung Erwerbsloser errichtet.

Die Folge dieser tiefgreifenden Strukturreform des Arbeitsmarktes, zulasten der Arbeitnehmer*innen, war die Schaffung eines Niedriglohnsektors in bisher nicht gekanntem Ausmaß. So arbeiten hierzulande inzwischen 7,7 Millionen Menschen in Minijobs, mehr als eine Million als Leiharbeitnehmer*innen. Dazu kommen unfreiwillige Teilzeit, unbezahlte Praktika, Befristungen und Scheinselbstständigkeit. Für die Betroffenen heißt das nicht nur niedrige Löhne, sondern auch geringe soziale Absicherung und ständige Angst vor dem Verlust des Arbeitsplatzes.

In Abgrenzung zum sogenannten ›Normalarbeitsverhältnis‹, also der Vollzeitbeschäftigung mit einem festen Arbeitsvertrag, spricht man bei diesen unsicheren oder prekären Beschäftigungsformen auch von atypischer Beschäftigung. Fast 40 Prozent der Beschäftigten in Deutschland arbeiten heute in solchen Arbeitsverhältnissen.

Seit die Agenda 2010 die Grundlage für deren anhaltenden Boom legte, stieg nicht nur die Zahl der betroffenen Arbeitnehmer*innen kontinuierlich an, es fand auch eine Ausweitung auf immer mehr Branchen statt und es entstanden zudem immer neue Formen der Prekarität.

Gerade durch die technischen Neuerungen der Internetökonomie ergeben sich für Unternehmen neue Möglichkeiten des Lohndumpings und der Umgehung gesetzlicher und tariflicher Rahmenbedingungen. Das erste Kapitel dieses Einführungsbuches in die prekäre Arbeitswelt von heute widmet sich daher unter anderem prekären Beschäftigungsformen im digitalen Zeitalter wie dem ›crowdworking‹ oder der ›Gig-Work‹. Es nimmt jedoch auch andere bisher wenig beachtete atypische Beschäftigungsverhältnisse, wie die Arbeit auf Abruf oder die Ausbeutung von Wanderarbeiter*innen unter die Lupe.

Das zweite Kapitel gibt einen Einblick in die aktuellsten Entwicklungen der bereits seit Längerem in Deutschland etablierten atypischen Beschäftigungsverhältnisse wie der Leiharbeit, Minijobs, Befristungen und Praktika und beschreibt deren Ausweitung auf immer mehr Branchen.

Als Mittel zur Eingrenzung des kontinuierlich wachsenden Niedriglohnsektors wird häufig der allgemeine gesetzliche Mindestlohn benannt. Auch wenn viele Beschäftigte von der Einführung der Lohnuntergrenze im Januar 2015 profitieren, tat dies dem Boom prekärer Beschäftigungsverhältnisse keinen Abbruch.

Das dritte Kapitel befasst sich daher mit den diversen Möglichkeiten der Unternehmen, den Mindestlohn zum umgehen, und geht der Frage nach, wie wirkungsvoll die Lohnuntergrenze tatsächlich ist.

Allen Widrigkeiten zum Trotz regt sich jedoch auch Protest gegen die neue prekäre Arbeitswelt.

Das Schlusskapitel des Buches beschäftigt sich deshalb mit dem wachsenden Widerstand gegen Niedriglöhne und soziale Unsicherheit und zeigt, wie Betroffene sich organisieren und für bessere Arbeits- und Lebensbedingungen kämpfen.

1. Modern Times –
Neue Formen der Prekarität

In den letzten Jahren wuchs nicht nur die Zahl atypisch Beschäftigter, es entstanden auch neue Formen der Prekarität, wie die mobile Beschäftigung über die Grenzen der Nationalstaaten hinweg, die Arbeit auf Abruf oder auf Vermittlung durch Internetplattformen. Ganz neu sind diese Formen prekärer Arbeit nicht: Sie basieren auf bereits seit Jahren praktizierten Methoden der Unternehmen, gesetzliche und tarifliche Regelungen zu umgehen oder einseitig zur Gewinnmaximierung zu nutzen. Während sie in der Vergangenheit jedoch nur wenig verbreitet waren, erleben sie – dank der Veränderung gesetzlicher Rahmenbedingungen, der zunehmenden Globalisierung der Wirtschaftsbeziehungen oder den technischen Neuerungen der Internetökonomie – in den letzten Jahren einen regelrechten Boom.

Kapovaz – Unsicherheit auf Abruf

Die von Betriebswirt*innen als kapazitätsorientierte variable Arbeitszeit (Kapovaz) bezeichnete ›Arbeit auf Abruf‹ ist keine tatsächlich neue Beschäftigungsform, sondern wird in manchen Bereichen bereits seit Jahren praktiziert. Grundlage hierfür ist das Teilzeit- und Befristungsgesetz. Bei der Arbeit auf Abruf haben Beschäftigte keine festen Arbeitszeiten und auch keine arbeitsvertraglich fixierte Anzahl an Wochenstunden, sondern müssen einen Großteil ihrer Arbeitsleistung bei Bedarf erbringen. Wie lange und wann die Betroffenen eingesetzt werden, kann der/die Arbeitgeber*in kurzfristig und nach eigenem Gusto entscheiden. Wann immer im Betrieb wenig zu tun ist, wird die Arbeitsleistung also nicht abgerufen und damit auch nicht bezahlt.

Zwar ist das Arbeitszeitmodell nicht neu, in den vergangenen Jahren ist die Zahl solcher Arbeitsverhältnisse jedoch enorm gestiegen und die Arbeit auf Abruf gehört in immer mehr Branchen zum Alltag. So arbeiten laut einer Untersuchung des *Deutschen Gewerkschaftsbundes* (DGB) aus dem Jahr 2016 inzwischen etwa 1,9 Millionen Beschäftigte hierzulande auf Abruf – mehr als beispielsweise in der Leih- und Zeitarbeit. Damit sind rund 5 Prozent aller Arbeitnehmer*innen in Deutschland davon betroffen.

Dass Kapovaz keine Randerscheinung mehr ist, zeigt sich auch daran, dass inzwischen 13 Prozent der Betriebe mit mehr als 10 Mitarbeiter*innen darauf zurückgreifen. Insbesondere im Dienstleistungssektor gewinnt die Arbeit auf Abruf in immer mehr Bereichen an Bedeutung. So arbeiten im Einzelhandel zwölf Prozent der Beschäftigten auf Abruf, in der Verkehrswirtschaft und Logistikbranche, der Nachrichtenübermittlung und dem verarbeitenden Gewerbe sind es jeweils elf Prozent, im Gesundheits-, Veterinär- und Sozialwesen neun Prozent und im Baugewerbe acht Prozent. In vielen Bereichen dürfte die Dunkelziffer wohl um einiges höher liegen. So könnte in der Gastronomie nach Schätzungen der zuständigen Gewerkschaft *Nahrung-Gaststätten-Genuss* (NGG) sogar jeder dritte Beschäftigte betroffen sein. Arbeitnehmer*innen, die auf Abruf arbeiten, sind zumeist in kleinen und mittleren Betrieben tätig.

Vor allem dort haben Unternehmen häufig freie Hand, da Betriebsräte und andere Interessenvertretungen fehlen. Die Entscheidung des Arbeitgebers, ob Teilzeitbeschäftigte zu festen Arbeitszeiten oder auf Abruf beschäftigt werden, unterliegt nämlich dem Mitbestimmungsrecht des Betriebsrats. Unternehmen sind also bei der Einführung variabler Arbeitszeiten auf die Zustimmung des Betriebsrats angewiesen.

Allerdings greifen mittlerweile auch große Firmen, insbesondere im Einzelhandel, vermehrt auf Abrufarbeit zurück. So beispielsweise die Bekleidungskette *H&M*. »Innerhalb von 12 Jahren ist die Anzahl dieser Abrufkräfte enorm gestiegen. 2004 machten diese Beschäftigungsverhältnisse bei *H&M* 31 Prozent aus. Fast die Hälfte der Beschäftigten war damals noch in Vollzeit mit festgelegten Arbeitszeiten beschäftigt. Heute bietet *H&M* überwiegend prekäre Arbeitsverhältnisse an, die direkt in die Altersarmut führen«, so Cosimo-Damiano Quinto, der als Bundesfachgruppensekretär der Dienstleistungsgewerkschaft ver.di für die Betreuung des Einzelhandels zuständig ist. Laut *ver.di* sind inzwischen rund 52 Prozent der Arbeitnehmer*innen bei *H&M* auf Abruf beschäftigt und nur noch 26 Prozent in regulärer Vollzeit.

Ein ähnliches Bild bietet sich beim Spielwarenhändler *Toys"R"Us*. In einigen der 65 deutschen *Toys"R"Us*-Filialen arbeiten bis zu 90 Prozent der Arbeitnehmer*innen auf Abruf. Der Anteil an den rund 1.700 Beschäftigten, der zusätzlich zu seinem Gehalt aufstockende Leistungen vom Jobcenter aus dem Grundsicherungssystem beziehen muss, ist deshalb laut *ver.di* signifikant gewachsen.

Für die Betroffenen geht die Arbeit auf Abruf mit niedrigen Löhnen, ständiger sozialer Unsicherheit und fehlender Planbarkeit der Freizeit einher. Verbunden ist die variable Arbeitszeit mit einer ständigen Arbeitsbereitschaft. Ohne – wie beispielsweise beim Bereitschaftsdienst – dafür entlohnt zu werden, müssen die Beschäftigten immer erreichbar und einsatzbereit sein. Diese Form permanenter ›Bereitschaft‹ für den nächsten Abruf aus der Freizeit wirkt sich aus arbeitsmedizinischer Sicht dauerhaft negativ auf den Erhalt der Gesundheit aus und kann zu psychischen Belastungsfolgen führen, vor allem dann, wenn sie mit wenigen Ruhephasen oder permanenter Sorge um die Existenzsicherung einhergeht. Letztere ist aufgrund der stark schwankenden Einkommen mit einer Arbeit auf Abruf nur schwer zu gewährleisten. Es ist nicht nur unklar wann, sondern auch wie viele Stunden in den nächsten Wochen gearbeitet werden und damit auch wie viel Geld am Ende des Monats auf dem Konto landet. Schon die Miete einer Wohnung oder die Ratenzahlung beim Kauf eines Autos stellt die Betroffen aufgrund der stark variierenden Gehaltsabrechnungen häufig vor Schwierigkeiten. Eine gesicherte Zukunfts- oder Familienplanung ist beinahe unmöglich.

Wie bei anderen prekären Beschäftigungsformen werden auch bei der Kapovaz den Beschäftigten grundlegende Arbeitnehmer*innenrechte vorenthalten. So umgehen Betriebe oftmals die Lohnfortzahlung im Krankheitsfall oder den bezahlten Urlaub, indem sie die Arbeitskraft an diesem Tag einfach nicht abrufen. Die Beweislast liegt in diesen Fällen bei dem/der Arbeitnehmer*in. Es muss nachgewiesen werden, dass der Abruf alleine aus Gründen der Krankheit oder des Urlaubs nicht stattgefunden hat.

Erschwerend kommt hinzu, dass viele Arbeitnehmer*innen ihre Rechte nicht kennen oder sich nicht trauen, sie durchzusetzen.

Zahlreiche Betriebe verstoßen zudem gegen die ohnehin schon geringen gesetzlichen Vorschriften. So müssen Arbeitgeber*innen die Arbeitsleistung eines Beschäftigten, laut Paragraph 12 des Teilzeit- und Befristungsgesetzes, eigentlich mindestens drei Stunden am Stück in Anspruch nehmen. Außerdem schreibt es vor, dass der/die Arbeitnehmer*in mindestens vier Tage im Voraus über seinen Einsatz informiert wird. Den Daten des *Instituts für Arbeitsmarkt- und Berufsforschung der Bundesagentur für Arbeit* zufolge erfährt jedoch ein Drittel der Betroffenen erst ein bis drei Tage vorher, wann und ob es zur Arbeit erscheinen kann, ein weiteres Drittel wird gar erst am selben Tag informiert.

Während Kapovaz für die betroffenen Arbeitnehmer*innen vor allem für niedrige Löhne und schlechte Arbeitsbedingungen steht, bedeutet es für die Unternehmen größtmögliche Flexibilität bei geringem Risiko. War es bisher die Aufgabe des Arbeitgebers, die Arbeitskraft seines/r Mitarbeiter*in in einer bestimmten Zeit möglichst gewinnbringend einzusetzen, kann er den/die Arbeitnehmer*in nun einfach nach eigenem Ermessen nach Hause schicken, wenn gerade keine Gäste zu bedienen oder Kund*innen zu betreuen sind. Das unternehmerische Risiko wird so auf den/die Arbeitnehmer*in verschoben.

Wenig überraschend ist daher, dass die Interessenverbände der deutschen Wirtschaft sich für eine weitere Ausweitung der

Arbeit auf Abruf einsetzen. Dafür sollen die ohnehin schon schwachen Schutzvorschriften, die das Teilzeit- und Befristungsgesetz vorschreibt, weiter abgebaut werden. So fordert die *Bundesvereinigung der Deutschen Arbeitgeber* (BDA) eine Verkürzung der zurzeit geltenden Ankündigungsfrist, in der ein/e Mitarbeiter*in erfährt, wann er/sie zum Dienst eingeteilt wird. Die Forderung der Arbeitgeber*innen nach einer weiteren Aufweichung des Teilzeit- und Befristungsgesetzes fügt sich in die derzeitige Strategie der Unternehmensverbände, den Arbeitsmarkt weiter zu deregulieren und dabei insbesondere die Arbeitszeiten zu flexibilisieren.

Bisher schreibt das Gesetz zudem vor, dass im Arbeitsvertrag eine bestimmte Dauer der wöchentlichen Arbeitszeit festgelegt wird. Wenn die Dauer der wöchentlichen Arbeitszeit nicht festgelegt ist, gilt eine Arbeitszeit von zehn Stunden pro Woche als vereinbart. Der/Die Arbeitgeber*in muss den/die Mitarbeiter*in also mindestens zehn Stunden die Woche einsetzen, die restliche Arbeitsleistung ist nach Bedarf zu erbringen. Damit sollen sogenannte Null-Stunden Verträge ausgeschlossen werden. Geht es nach dem Willen der Arbeitgeber*innenverbände soll diese Regelung fallen. Vorbild sind dabei die ›zero-hours contracts‹, die in Großbritannien intensiv genutzt werden. Mehr als 900.000 Brit*innen arbeiten bereits in solchen Arbeitsverhältnissen. Aufgrund des rasanten Anstiegs von Verträgen dieser Form (zur Zeit werden mehr als 100.000 neue pro Jahr abgeschlossen) sind die Null-Stunden-Verträge und deren wirtschaftlichen und sozialpolitischen Auswirkungen dort Gegenstand einer heftigen Debatte.

In Deutschland stößt die wachsende Verbreitung der Arbeit auf Abruf und ihre Folgen für die Betroffenen hingegen noch auf wenig öffentliches Interesse. Auch die Gewerkschaften nehmen in der Frage der Arbeit auf Abruf eine ambivalente Rolle ein – etwas, das uns im Laufe der Betrachtung prekärer Arbeitsverhältnisse noch des Öfteren begegnen wird. So prangern sie zwar immer wieder die Missstände der variablen Arbeitszeitmodelle an. Angesichts der rasanten Ausweitung dieses Beschäftigungsmodells sind die Schlussfolgerungen und Forderungen der Gewerkschaften jedoch dürftig. Der *DGB* fordert zwar Betriebsräte und andere betriebliche Interessenvertretungen auf, für eine Eingrenzung der Arbeit auf Abruf zu sorgen, indem sie die Zustimmung zur Einführung der Kapovaz verweigern oder Teilzeitregelungen vereinbaren, die dieses Arbeitszeitmodell ausschließen, der Mehrheit der Betroffenen wäre damit jedoch nicht geholfen, da sie in Betrieben ohne Mitbestimmungsorganen arbeiten. Auch die vom *DGB* geforderte Streichung des Paragraph 12 im Teilzeit- und Befristungsgesetz, durch die die Arbeit auf Abruf ihrer Rechtsgrundlage beraubt wäre, dürfte aufgrund der Mehrheitsverhältnisse im Bundestag nur wenig Aussicht auf Erfolg haben. Erfolge bei der Zurückdrängung der Arbeit auf Abruf, wie auch anderer prekärer Beschäftigungsverhältnisse, gelangen bisher nur dort, wo die Betroffenen sich zusammenschlossen und mittels Arbeitskämpfen veränderte Arbeitsbedingungen durchsetzten. Nach spezifischen Versuchen der Gewerkschaften Beschäftigte, die auf Abruf arbeiten, zu organisieren, um gemeinsam mit ihnen ihre Arbeitssituation zu verbessern, sucht man jedoch meist noch vergebens.

Klickarbeiter – Prekär in der Crowd

Das ›outsourcing‹, also die Auslagerung bestimmter Aufgaben aus einem Unternehmen, gehört seit vielen Jahren zu den üblichen unternehmerischen Strategien zur Gewinnmaximierung. Was vorher von Festangestellten erledigt wurde, sei es die Reinigung der Büroräume, die Betreuung der Telefonhotline oder die Essensausgabe in der Kantine, wird dabei – zu weitaus günstigeren Konditionen – von einem Drittanbieter erledigt. Im digitalen Zeitalter ergeben sich für Unternehmen jedoch ganz neue Möglichkeiten der Auslagerung bestimmter Tätigkeiten. Immer mehr Betriebe machen sich diese Möglichkeiten zunutze und vergeben Aufgaben über das Internet an eine anonyme Masse potenzieller Anbieter*innen, die sogenannte ›Crowd‹.

Es handelt sich nicht mehr einfach um >outsourcing<, sondern um >crowdsourcing<.

Die ausgelagerten Tätigkeiten reichen von Internetrecherchen oder der Verschlagwortung von Texten über anspruchsvollere Aufgaben wie dem Testen von Apps bis hin zu Programmier- oder Designarbeiten. Häufig werden auch komplexere Prozesse in winzige Arbeitsteile zerlegt, die dann für Cent-Beträge einzeln ausgeschrieben werden. Die Abarbeitung dieser digitalen Arbeitsaufträge übernehmen die sogenannten >Crowd<- oder >Clickworker<. Für die Unternehmen haben diese Klickarbeiter*innen einige Vorteile gegenüber Festangestellten. Für diese Solo-Selbstständigen gelten keine Arbeitsschutz- oder Arbeitszeitgesetze, sie haben keinen Urlaubsanspruch, müssen nicht sozial- oder krankenversichert werden und für sie gelten weder der Mindestlohn noch tarifvertragliche Regelungen.

Das crowdworking ist ein Aspekt der wachsenden Plattform-Ökonomie, die uns auch später noch einmal beschäftigen wird. Auf Internetplattformen wie *upwork* oder *99Designs* können Unternehmen auf ein riesiges Reservoir an Arbeitskräften mit den unterschiedlichsten Fähigkeiten zurückgreifen, während die Internetarbeiter*innen auf diesen digitalen Marktplätzen um die besten Aufträge konkurrieren. Den Plattformen kommt dabei die Vermittlerrolle zwischen Auftragnehmer*innen und Auftraggeber*innen zu, die sie sich meist durch eine Gebühr versilbern lassen. Eine der ältesten dieser Plattformen ist *Clickworker* mit mehr als 1.000.000 Mitgliedern, darunter auch über 100.000 aus Deutschland. Um genügend Aufträge zu requirieren, sind die meisten Klickarbeiter*innen jedoch nicht nur auf einer Plattform gemeldet, sondern nutzen mindestens zwei, zum Teil aber auch bis zu 25 unterschiedliche digitale Marktplätze.

Waren es zuerst vor allem kleine und mittlere Betriebe, die auf solche digitale Tagelöhner*innen zurückgriffen, machen sich inzwischen auch große Konzerne die flexiblen und günstigen Arbeitskräfte zunutze. Ihre Zahl steigt seit Jahren rasant. Wie viele Menschen genau sich in Deutschland mit den digitalen

Aufträgen ihren Lebensunterhalt verdienen, ist ungewiss. Studien und Untersuchungen hierzu, wie auch zur sozialen Situation von Klickarbeiter*innen, sind noch immer Mangelware. Selbst dem Bundesarbeitsministerium ist es nicht möglich, genauere Angaben über die Zahl der Betroffenen zu machen. So gehen die Schätzungen von Expert*innen weit auseinander. Zwischen 200.000 und bis zu einer Million Klickarbeiter*innen vermuten sie in Deutschland.

Dass die Arbeitssituation der digitalen Tagelöhner*innen vor allem durch hohe rechtliche und soziale Unsicherheit geprägt ist, zeigt eine der wenigen empirischen Studien, die sich mit den prekären Arbeitsverhältnissen von Klickarbeiter*innen in Deutschland beschäftigt und 2016 von der Universität Kassel und der *Hans-Böckler-Stiftung* durchgeführt wurde.

So verdienen etwa 70 Prozent der in der Studie befragten Netzarbeiter*innen weniger als 500 Euro im Monat als effektives Einkommen, das heißt nach Abzug der Gebühren der jeweiligen Plattform, aber noch vor Steuern. Für viele von ihnen ist dies nur ein Nebenverdienst. Doch auch bei den rund 20 Prozent der Befragten, die hauptberuflich als Crowdworker*innen tätig sind und deren Zahl kontinuierlich steigt, liegt das durchschnittliche effektive Einkommen bei gerade einmal 1.500 Euro im Monat. Hierbei muss man berücksichtigen, dass hauptberufliche Klickarbeiter*innen ihr Einkommen nicht nur versteuern müssen. Als Selbstständige müssen sie sich auch selbst kranken- und rentenversichern.

Nicht nur die Verdienste der Crowdworker*innen sind in aller Regel gering. Sie genießen außerdem weder Kündigungsschutz, noch haben sie einen Anspruch auf bezahlten Urlaub oder feste Arbeitszeiten. Manche arbeiten bis zu 80 Stunden pro Woche. Das liegt auch an der Struktur der Arbeitsverhältnisse. Auf den digitalen Marktplätzen herrscht ein zeitbasierter Wettbewerb. Das heißt, die Klickarbeiter*innen müssen ständig auf aktuelle Ausschreibungen achten, um die Aufgaben, die ihnen zusagen, auch tatsächlich zu erhalten, bevor ein/e Konkurrent*in zuschlägt. In einigen Bereichen, vor allem auf Design-Plattformen, besteht zusätzlich ein ergebnisorientierter Wettbewerb, bei dem verschiedene Teilnehmer*innen ihre Entwürfe einreichen, jedoch nur eine/r dafür den Zuschlag und die entsprechende Vergütung bekommt. So kann es durchaus passieren, dass man nach getaner Arbeit leer ausgeht. Oftmals ist der Eigentumsübergang so geregelt, dass neben den Gewinner*innen auch die Verlierer*innen ihre Rechte an den Entwürfen abtreten.

Die digitalen Tagelöhner*innen sind also einem erbarmungslosen und größtenteils unregulierten Konkurrenzkampf ausgesetzt. Verschärft wird dieser Wettbewerb dadurch, dass die Klickarbeiter*innen weltweit miteinander in Konkurrenz stehen. Ein Umstand, der auch den Einsatz für eine Verbesserung der Arbeits- und Lohnbedingungen der Betroffenen erschwert.

Ihre Aufträge erhalten die Klickarbeiter*innen auf Basis eines restriktiven Bewertungssystems. Zumeist beruht die Auswahl der Crowdworker*innen für bestimmte Aufgaben auf deren dokumentierten Erfahrungen, der sogenannten Aufgabenhistorie, und ihrem Status, der von den Bewertungen der vorherigen Auftraggeber*innen abhängt. Das bedeutet zum einen, dass sich neue Klickarbeiter*innen zunächst über kleinere und zumeist schlechter bezahlte Aufgaben einen gewissen Status erarbeiten müssen, bevor sie anspruchsvollere und auch besser bezahlte Aufgaben erledigen können. Zum anderen sind sie abhängig von den Bewertungen ihrer Auftraggeber*innen, während sie kaum eine Möglichkeit haben, diese – zum Beispiel im Bezug auf Bezahlung oder Einhaltung der Vertragsbedingungen – ebenfalls zu bewerten. Die Klickarbeiter*innen sind außerdem einem rigiden Überwachungssystem durch die jeweilige Plattform unterworfen. Hierzu zählen beispielsweise das Aufzeichnen von Tastenanschlägen oder die verdeckte Erstellung regelmäßiger Screenshots. Viele Crowdworker*innen wissen aufgrund der Unkenntnis über die akzeptierten Allgemeinen Geschäftsbedingungen noch nicht einmal, dass ihre Arbeit umfassend überwacht wird.

Rechtlich gelten die Klickarbeiter*innen als Selbstständige. Sie arbeiten weder für die Plattform, auf der sie ihre

Dienste anbieten, noch sind sie abhängig Beschäftigte des Auftragsgebers. So gelten für sie weder Tarifverträge noch gesetzliche Schutzvorschriften für Arbeitnehmer*innen. Bezahlter Urlaub, Lohnfortzahlung im Krankheitsfall, gesetzliche Pausen oder Höchstarbeitszeitregelungen haben für die Crowdworker*innen keine Bedeutung. Als Selbstständige fallen sie zudem aus dem gesetzlichen Sozialversicherungssystem. Gegen Krankheit, Pflegebedürftigkeit oder Arbeitslosigkeit müssen sich die digitalen Tagelöhner selbst versichern. Auch bei der Rentenvorsorge sind sie auf sich gestellt. Der Bruttostundenlohn eines Selbstständigen müsse 50 bis 100 Prozent höher liegen als der eines abhängig Beschäftigten, damit beide monatlich etwa gleich viel zur Verfügung haben, schätzt Gunter Haake, Geschäftsführer von *Mediafon*, der Beratungsstelle für Selbstständige der Dienstleistungsgewerkschaft *ver.di*.

Angesichts der niedrigen Verdienste sind viele Klickarbeiter*innen gar nicht abgesichert. Nur ein Drittel der hauptberuflichen Crowdworker*innen sind kranken- oder arbeitslosenversichert und nur die Hälfte sorgt fürs Alter vor.

Darüber, wie selbstständig die Crowdworker*innen wirklich sind, gibt es unter Arbeitsrechtsexpert*innen unterschiedliche Einschätzungen. Tatsächlich deutet einiges auf ein klares – auch arbeitsrechtliches – Abhängigkeitsverhältnis der Klickarbeiter*innen hin.

So schreiben viele Plattformen genau vor, wie eine Arbeit zu erledigen ist, kontrollieren den Arbeitsablauf und die Leistung. Bei guten Arbeitsergebnissen erfolgt die >Beförderung< innerhalb der Plattform-Hierarchie und man erhält bessere Aufträge. Lehnt man hingegen häufig Aufträge ab oder erhält schlechte Bewertungen, rutscht man die Karriereleiter nach unten. Alles Dinge, die man eigentlich aus herkömmlichen Arbeitsverhältnissen kennt. Würden die Klickarbeiter*innen als abhängig Beschäftigte entweder der Plattform oder ihres Auftraggebers gelten, stünden ihnen auch die entsprechenden Rechte wie Kündigungsschutz oder Urlaub zu.

Als Arbeitnehmer*innen könnten sie sich außerdem auf ein Gesetz aus vordigitaler Zeit berufen. Im 1951 erlassenen Heimarbeitsgesetz sind beispielsweise Kündigungsfristen, Zulagen, und Mindestentgelte geregelt. Heimarbeiter*innen, die hauptsächlich für einen Betrieb tätig sind, unterliegen hier sogar der betrieblichen Mitbestimmung. Das deutsche Arbeitsrecht kennt zudem den Begriff der Arbeitnehmerähnlichkeit. Selbstständige, die von einem/r Auftraggeber*in wirtschaftlich abhängig und in ihrer Schutzbedürftigkeit auch sonst mit einem/r Arbeitnehmer*in vergleichbar sind, haben Anspruch auf Urlaub und für sie können Tarifverträge abgeschlossen werden.

Ob ein/e Klickarbeiter*in nun selbstständig, abhängig beschäftigt oder arbeitnehmerähnlich ist, müsste individuell vor Gericht entschieden werden. Einen Weg, den wohl nur die wenigsten Crowdworker*innen, die auch künftig ihr Geld über die betreffenden Plattformen verdienen möchten, bereit sind anzutreten.

Zur Verbesserung ihrer Lebens- und Arbeitsbedingungen bleibt den Betroffenen daher nur die kollektive Organisierung. Entgegen des oftmals von den Medien gezeichneten Bildes der individualistischen digitalen Bohème haben viele Klickarbeiter*innen ein großes Interesse daran, ihre Vereinzelung zu durchbrechen. Dies zeigt auch die von der Universität Kassel und der *Hans-Böckler-Stiftung* durchgeführte Studie zu prekären Arbeitsbedingungen in der Crowd.

So wünscht die Mehrheit der Befragten eine wirksame Interessenvertretung und betriebliche Mitbestimmung. In der Designbranche, die vor allem unter dem ergebnisbasierten Wettbewerb zu leiden hat, sind es sogar knapp 70 Prozent. Die Bemühungen der Gewerkschaften, die digitalen Tagelöhner*innen zur kollektiven Durchsetzung ihrer Interessen zu organisieren, sind bisher jedoch gering.

Immerhin wurden inzwischen von den beiden größten *DGB*-Gewerkschaften, *ver.di* und *IG Metall*, erste Beratungsangebote für Crowdworker*innen geschaffen. Der Bedarf hierfür ist groß. 20 Prozent aller Crowdworker*innen und sogar 28 Prozent der

Nutzer*innen von Design-Plattformen, benötigen regelmäßig rechtliche Beratung, unter anderem um vereinbarte Entgelte durchzusetzen oder um Urheberrechtsfragen zu klären. Auch wenn noch unklar ist, wie es gelingen kann, die Isolation der heimischen Computer und Laptops zu durchbrechen, ist die gemeinsame Organisierung für ihre Rechte wohl der einzige Weg, die Prekarität der Klickarbeiter*innen zu überwinden.

Gig-Work – Prekäre Selbstständige im digitalen Zeitalter

Das Internet verändert nicht nur unseren Alltag und unsere Freizeitgestaltung. Das digitale Zeitalter setzt auch in den Arbeitsbeziehungen neue Maßstäbe. Dabei ist das crowdworking nur ein Aspekt der boomenden Plattform-Ökonomie. Daneben entstehen auch immer mehr Plattformen zur Vermittlung lokaler Dienstleistungen. Diese sogenannte ›Gig-Economy‹ wächst kontinuierlich.

Während beim Arbeiten in der Cloud Aufgaben im Internet vermittelt und dort auch erledigt werden, findet die Vermittlung von Jobs bei der Gig-Work zwar ebenfalls durch eine Internet-Plattform statt, ausgeführt werden sie jedoch vor Ort. Jemand bestellt beispielsweise eine Pizza im Internet. Die Auslieferung übernimmt dann ein/e freiberufliche/r Fahrer*in, nach Erhalt einer Nachricht via Smartphone, die ihm/ihr mitteilt, an welchem Ort das Essen abgeholt und an welchem es ausgeliefert werden soll. Bekannte Beispiele für die Gig-Economy sind Plattformen wie der Fahrdienstanbieter *Uber*, der Handwerksdienstleister *MyHammer*, der Übernachtungsvermittler *AirBnB* oder die Essenskuriere *Deliveroo* und *Foodora*. Der Ausdruck Gig-Economy ist eine Analogie aus der Musikbranche, in der Musiker*innen ihren Lebensunterhalt bestreiten, indem sie bezahlte Auftritte (Gigs) absolvieren.

Die digitalen Freiberufler*innen, die sich von Gig zu Gig hangeln, stehen vor ähnlichen Problemen wie Crowdworker*innen.

Auch die Gigworker*innen sind meist Selbstständige und nicht fest angestellt. Die Plattformen verstehen sich als Vermittler*innen und nicht als Arbeitgeber*innen. Die Menschen, die ihre Arbeitskraft auf den Plattformen anbieten, stehen auf Abruf bereit und haben keine soziale Absicherung. Wie die Klickarbeiter*innen unterliegen sie nicht den Schutzvorschriften von Arbeitnehmer*innen. Kündigungsschutz, Gesundheitsschutz, Urlaubsanspruch, Lohnfortzahlung im Krankheitsfall gelten für die Solo-Selbstständigen nicht. Auch eine Einzahlung in die sozialen Sicherungssysteme findet nicht statt. Die meisten Betroffenen sorgen, auch aufgrund der niedrigen Löhne, nicht für Krankheit, Arbeitslosigkeit oder Alter vor. Die Prekarität der Freiberufler*innen stellt für die Plattformen einen Wettbewerbsvorteil dar. Sie können ihre Dienstleistungen durch den Wegfall von Sozialleistungen oftmals weitaus günstiger anbieten als die Konkurrenz. Zudem unterliegen die Freiberufler*innen nicht der betrieblichen Mitbestimmung und müssen nur bezahlt werden, wenn tatsächlich Aufträge durchzuführen sind.

Inzwischen gibt es unzählige unterschiedliche digitale Marktplätze zur Vermittlung von Dienstleistungen. Selbst neugegründete Start-Ups können bereits nach kurzer Zeit auf Tausende Freiberufler*innen zurückgreifen. Auch die Kapitalinvestitionen im Bereich der Gig-Economy steigen. So wird der Übernachtungsvermittler *AirBnB* inzwischen mit 25,5 Milliarden Dollar bewertet, der Fahrdienst *Uber* gar mit 62,5 Milliarden Dollar. Zugleich versuchen in immer mehr Branchen neue Plattformen Fuß zu fassen. Von Paketdiensten über die Vermittlung von Pflegekräften bis hin zur Kinderbetreuung gibt es inzwischen für fast jede Dienstleistung die passende Plattform.

Eine dieser Branchen ist die plattformbasierte Organisation von Taxidiensten. Kaum ein Name steht so sehr für die Gig-Economy wie der größte Fahrdienstvermittler *Uber*, der geradezu zum Synonym für die boomenden digitalen Marktplätze geworden ist. Nicht selten ist in Analysen zur Plattform-Ökonomie und ihren Auswirkungen auf die Wirtschaft von einer >uberisierung< die Rede. Neue Plattformen werden oftmals mit dem Slogan ›Uber für XY‹ beworben. Die Plattformen für ortsgebundene Dienstleistungen wurden in ihrer heutigen Form erst durch die weite Verbreitung von Smartphones mit entsprechender Geo-Lokalisierung möglich. So auch *Uber*. Per App vermittelt die Plattform Fahrten. Von den im Vergleich zu regulären Taxis niedrigen Fahrtkosten kassiert Uber eine Provision von 25 Prozent für jede Fahrt und bestimmt auch die Preise. In Echtzeit und nach Verkehrslage in spezifischen Stadtteilen wird berechnet, wie viel eine Fahrt die Kund*innen kostet. Stoßzeiten werden als ›Surge‹ bezeichnet und die Fahrer*innen sehen das entsprechende Areal auf ihrem Smartphone und den Faktor, um wie viel eine Fahrt teurer ist. Als Selbstständige tragen die Fahrer*innen alleine das unternehmerische Risiko. Nach Abzug der Provision an *Uber* müssen sie auch für die Anschaffung oder Miete des Fahrzeuges, die Instandhaltung, das Benzin, Steuern und Versicherung aufkommen. *Uber* integriert so nicht nur die Arbeitskraft der Fahrer*innen in die eigene Wertschöpfungskette, sondern auch deren Autos. Damit eröffnet sich zugleich ein weiteres Geschäftsmodell. *Uber* hat mit der Bank *Goldman Sachs* einen Vertrag über Kredite von 1 Milliarde Dollar abgeschlossen, die über *Ubers* Tochterfirma *Xchange Leasing* an Fahrer*innen vergeben werden, die Autos brauchen, sie sich aber eigentlich nicht leisten können. Die Betroffenen sind damit nicht nur von den Jobs abhängig, die Uber ihnen vermittelt, sondern zugleich verschuldet.

Das Unternehmen freut‘s. Denn wer sein Auto abbezahlen muss, kann nicht wählerisch bei der Anzahl der anzunehmenden Fahrten sein, sondern braucht maximale Auslastung. Im Gegensatz zum crowdworking spielt bei der Gig-Work auch der Versicherungsschutz bei Arbeits- oder Verkehrsunfällen, Diebstählen und Sachbeschädigungen eine wesentlich größere Rolle. Die meisten Freiberufler*innen sowohl bei *Uber* als auch anderen Plattformen sind nur unzureichend oder gar nicht versichert. Ebenso wie bei anderen Plattformen regiert bei *Uber* ein restriktives Rating- und Bewertungssystem, das auch die Erhebung aller Daten über die Fahrer*innen einschließt. Daneben werden auch die Daten der Kund*innen akribisch erhoben und zur Entwicklung des Kund*innenprofils genutzt. So geriet der Konzern 2012 in die Kritik, als bekannt wurde, dass er auf Basis der erhobenen Bewegungsprofile darauf schloss, wie häufig die eigenen Kund*innen One-Night-Stands hatten. *Uber* bezeichnete diese Fahrten als ›Rides of Glory‹, zog die Erhebung und Kategorisierung der Fahrten jedoch nach Protesten zurück.

Die Übergänge zwischen den Plattformen für Personenbeförderung und denen zur Lieferung von Essen sind teilweise fließend. So ist *Uber* selbst mit seinen Diensten *UberRush* und *Uber eats* in dieser Branche tätig. Dazu kommt eine Vielzahl von Firmen wie *Spoon Rocket*, *Yelp Eat24*, *DoorDash*, *Instacart* und *Postmates*. In Deutschland gehören *Foodpanda*, *Lieferando* oder *Pizza.de* zu den Anbietern von Essenslieferungen. Die Berliner Firma *Delivery Hero*, zu der auch *Pizza.de* und *Foodora* gehören, wird inzwischen mit 3,1 Milliarden Dollar bewertet. Daneben agiert auch die britische Plattform *Deliveroo* in immer mehr deutschen Städten.

Das Start-Up wurde 2013 in London gegründet und konnte zuletzt enorme Wachstumsraten verzeichnen. Global arbeiten für die Plattform inzwischen 30.000 Fahrer*innen – davon etwa 1.000 in Deutschland –, das Bestellvolumen stieg 2016 um 650 Prozent. Hierzulande kooperieren inzwischen 2.000 Restaurants mit *Deliveroo*, weltweit sollen es sogar 20.000 sein.

Wie andere Anbieter*innen ermöglicht *Deliveroo* Restaurants, die vorher keinen solchen Service hatten, ihr Essen an Kund*innen ausliefern zu lassen. Dafür kassiert die Plattform eine Gebühr von 30 Prozent von den Gastronom*innen. Die Fahrer*innen von *Deliveroo* sind – wie die ihrer Konkurrenz von *Foodora* – typischerweise mit dem Fahrrad unterwegs. Während bei *Foodora* die Fahrer*innen teils auf Mini-Job-Basis eingestellt sind, setzt *Deliveroo* vor allem auf Selbstständige, hat jedoch auch einige befristet angestellte Teilzeitbeschäftigte. Die Freiberufler*innen müssen ihr Fahrrad selbst kaufen und warten. Hinzu kommen Smartphone samt Handyvertrag mit entsprechendem Datenvolumen, damit die *Deliveroo*-App sicher läuft. Im Gegensatz zu ihren Kolleg*innen bei Uber sind die Investitions- und Instandhaltungskosten für ein Fahrrad zwar wesentlich geringer als bei einem Auto. Das Unfallrisiko durch die ständige Arbeit im Straßenverkehr ist jedoch nicht geringer. Eigentlich müssen die Fahrer*innen selbst eine Kranken-, Unfall- und Haftpflichtversicherung abschließen. Viele können sich dies jedoch nicht leisten und fahren auf eigenes Risiko.

Im Vergleich zu Fahr- oder Lieferdiensten spielt bei Plattformen, die Dienstleistungen für den Privathaushalt vermitteln, Vertrauen und Zuverlässigkeit der Auftragnehmer*innen eine weitaus größere Rolle. Handwerker*innen oder Pflege- und Reinigungskräfte stoßen nicht selten tief in den privaten Bereich vor. Die beiden größten deutschen Anbieter*innen im Bereich Putzdienste sind *Helpling* und *Book a Tiger,* beide 2014 gegründet. Aufgrund der höheren Anforderungen an Qualität und Verlässlichkeit geben die Reinigungsplattformen ihren Auftragnehmer*innen sehr genaue Vorgaben bei der Erfüllung ihrer Aufgaben. Wie überall in der Plattform-Ökonomie nehmen auch hier die Nutzungsbedingungen immer ausufernde Formen an. Zwar betont beispielsweise *Helpling* gerne, dass es kein Reinigungs-, sondern ein Softwareunternehmen sei, das nur die Plattform zur Verfügung stelle. Die Softwarenutzungsverträge regeln jedoch nicht nur das Verhältnis zwischen Softwareprodukt und einzelnen Nutzer*innen, sondern sämtliche geschäftlichen bis hin zu privaten Beziehungen. Die Softwarenutzungsverträge wandeln sich so de facto zu Arbeitsverträgen. Die Art der Durchführung, die zeitliche Planung, das Erscheinungsbild und Auftreten, beispielsweise das Tragen einer Uniform, alles wird genau geregelt. Die strengen Vorgaben machen die Plattformen zur Vermittlung von Dienstleistungen in Privathaushalten besonders anfällig für Scheinselbstständigkeitsklagen. Immer öfter stellen Plattformen deshalb inzwischen ihre Reinigungskräfte fest an. *Book a Tiger* beispielsweise hat sein Geschäftsmodell 2016 umgestellt und setzt seitdem größtenteils auf sozialversicherungspflichtige Beschäftigung.

Der Boom der Gig-Economy geht nicht nur mit niedrigen Löhnen und unsicheren Arbeitsverhältnissen für die Betroffenen einher, er ist auch ein lukratives Geschäftsmodell, in das immer mehr Investitionen fließen. Die Investor*innen setzen bei ihrer Risikokapitalfinanzierung für die zahlreichen Start-Ups der Plattform-Ökonomie auf deren disruptiven Charakter. Also auf die Zerstörung herkömmlicher Geschäftsmodelle und die Schaffung neuer Profitmöglichkeiten. Dieser disruptive Wandel findet in zahlreichen Wirtschaftszweigen statt und seine Grundlage ist die Möglichkeit, Vorgaben im Arbeits- und Verbraucherschutz, bei Mindestlöhnen oder Sozialabgaben weitgehend zu umgehen. Mit der Billigkonkurrenz der Vermittlungsplattformen können herkömmliche Geschäftsmodelle nicht mehr mithalten und deren Umsätze fließen zunehmend in die Gig-Economy. Im Gegensatz zu den web-basierten crowdworking-Plattformen greifen die smartphone-basierten Plattformen tief in die reale Wirtschaft ein. Taxiunternehmen, Pflegedienste, Reinigungsfirmen oder Paketzusteller sind der neuen Konkurrenz ebenso ausgesetzt wie Handwerksunternehmen. Übernachtungsvermittler wie *AirBnB* machen nicht nur der Hotelbranche Konkurrenz, sondern greifen auch in den Wohnungsmarkt ein. Der sogenannte Netzwerkeffekt befördert dabei die Entstehung von Monopolen. In der Plattform-Ökonomie ist es für alle Beteiligten, seien es Auftraggeber*innen oder Auftragnehmer*innen, von Nutzen, wenn möglichst viele Personen auf der entsprechenden Plattform registriert sind. Aus Nutzer*innensicht ist es zudem nur logisch, sich auf eine oder wenige soziale Netzwerke oder Vermittlungsplattformen zu konzentrieren. Die Folge ist eine Konzentration in den Händen weniger Konzerne.

Es wächst jedoch auch der Widerstand gegen die Geschäftspraktiken der Unternehmen. So protestieren bei *Uber* weltweit Fahrer*innen gegen ihre Arbeitsbedingungen. Mit einer Sammelklage in den USA wollen sie *Uber* zwingen, sie anzustellen, Lohnsteuer, Sozialleistungen und Spesen zu zahlen. *Uber* ist zudem weltweit in Hunderte Rechtsstreitigkeiten verstrickt und inzwischen in vielen Metropolen oder Ländern zumindest teilweise verboten – so auch in Spanien, Frankreich, Belgien, den Niederlanden und Deutschland. Auch das Geschäftsmodell von *AirBnB* und anderen Übernachtungsanbietern gerät dort an seine Grenzen, wo Städte und Kommunen die kommerzielle Nutzung von Wohnraum einschränken.

Insbesondere die Fahrer*innen der diversen Essenskuriere machten in den letzten Jahren mit spektakulären Aktionen und Arbeitskämpfen auf sich aufmerksam und konnten dabei auch einige Erfolge erringen. War es in Deutschland zuerst vor allem die anarchosyndikalistische Basisgewerkschaft *FAU,* die sich der häufig migrantischen Arbeitskräfte annahm, versuchen inzwischen auch die Gewerkschaften des *DGB* die Interessen der Betroffenen zu vertreten. So wurde im Frühjahr 2018 in Köln der erste Betriebsrat bei *Deliveroo* gegründet. Die klassischen sozialpartnerschaftlichen gewerkschaftlichen Mittel stoßen hier jedoch oftmals an ihre Grenzen. Die große Masse an Solo-Selbstständigen unter den Fahrer*innen fallen weder unter die Mitbestimmung noch unter Tarifverträge. Davon, dass es den Betroffenen durch die gemeinsame Organisierung zur Durchsetzung ihrer Rechte trotzdem gelingen kann, die Arbeitsbedingungen der Kurierfahrer*innen zu verbessern, zeugt der im Schlusskapitel beschriebene Kampf der *Deliveroo-* und *Foodora*-Fahrer*innen.

Mobile Beschäftigung – Die neuen Wanderarbeiter*innen

Sowohl weltweit als auch in Europa hat die Arbeitsmigration in den vergangenen Jahren deutlich zugenommen. In einer Welt, die sich zunehmend wirtschaftlich, sozial und politisch vernetzt, spielen grenzüberschreitende Arbeits- und Produktionsverhältnisse eine immer größere Rolle. In Deutschland hat dabei die EU-Osterweiterung zentrale Bedeutung. Mit der Einführung der vollen Arbeitnehmer*innenfreizügigkeit für die mittel- und osteuropäischen Staaten Estland, Lettland,

Litauen, Polen, Slowakei, Slowenien, Tschechische Republik und Ungarn im Jahr 2011, beziehungsweise für Rumänien und Bulgarien zum 1. Januar 2014, haben sich die europäischen Arbeitsmarktbeziehungen weiter verflochten und Deutschland hat sich in den vergangenen Jahren zu einem Zielland von Arbeitsmigrant*innen aus Osteuropa entwickelt. Im Zuge der Wirtschafts- und Finanzkrise gewann zudem die Einwanderung aus Südeuropa neue Bedeutung.

In gewerkschaftsnahen Debatten hat sich für diese Arbeitnehmer*innen, deren Gemeinsamkeit darin besteht, dass sie Staatsbürger*innen eines anderen EU-Landes sind, die in einem Zielland nur vorübergehend arbeiten und ihren Lebensmittelpunkt nicht (oder noch nicht) dorthin verlegt haben, der Begriff >Mobile Beschäftigte< ausgeprägt. Auch wenn dies oftmals suggeriert wird, wäre es ein Fehler, hierbei von einer rein frei gewählten und selbstbestimmten Mobilität auszugehen. Der Grund liegt vielmehr im wirtschaftlichen Gefälle innerhalb Europas und den in einigen Staaten Süd- und Osteuropas besonders ausgeprägten Krisenerscheinungen. Viele der Wanderarbeiter*innen suchen nicht einfach in Deutschland eine neue Perspektive, sondern haben in ihren Herkunftsländern keine Perspektive oder auch kein Auskommen mehr. Die Ursachen hierfür liegen nicht zuletzt auch in der Billigkonkurrenz durch deutsche Niedriglöhne und der deutschen Austeritätspolitik.

Mobile Beschäftigung hat in Deutschland viele Facetten. Prinzipiell lassen sich die Wanderarbeiter*innen in drei Gruppen einteilen.

Zum einen Staatsangehörige aus anderen EU-Staaten, die im Rahmen der Arbeitnehmer*innenfreizügigkeit uneingeschränkt einer Beschäftigung in Deutschland nachgehen können. Viele von ihnen arbeiten entweder als Leiharbeiter*innen oder sind über einen Werkvertrag bei einem deutschen Unternehmen angestellt, das sie wiederum für ein anderes Unternehmen arbeiten lässt.

Ein weiterer Teil der mobilen Beschäftigten nutzt die EU-Dienstleistungsfreiheit und die EU-Niederlassungsfreiheit, um ein Gewerbe in Deutschland anzumelden. Als formell Selbstständige arbeiten sie meist im Rahmen eines Werkvertrags für ein Unternehmen. Tatsächlich sind sie vollständig von ihrem/r Auftraggeber*in abhängig und befinden sich so in einer Scheinselbstständigkeit. Die Unternehmen profitieren davon, dass sie die Betroffenen weder versichern müssen, noch Arbeitsschutzbestimmungen wie Kündigungsschutz, Urlaub, Lohnfortzahlung im Krankheitsfalle oder Arbeitszeitregelungen für sie gelten. Es sind auch Fälle bekannt, in denen die Anmeldung als Selbstständige*r unwissend erfolgte, da den Wanderarbeiter*innen ein Gewerbeschein als angeblicher Arbeitsvertrag vorgelegt wurde.

Eine dritte Gruppe sind Arbeitnehmer*innen, die bei einem im Ausland ansässigen Unternehmen angestellt sind und im Rahmen der Dienstleistungsfreiheit für eine bestimmte Zeit nach Deutschland entsandt werden. Dabei schließt das entsendende Unternehmen im Regelfall einen Werkvertrag mit einem Unternehmen im Zielland. Oftmals handelt es sich bei den entsendenden Unternehmen lediglich um Briefkastenfirmen, die ausschließlich zum Zweck gegründet wurden, billige Arbeitskräfte aus dem Ausland nach Deutschland zu bringen. Für die entsandten Beschäftigten gelten zwar gewisse Mindeststandards des Ziellandes, die zwingend eingehalten werden müssen, wie beispielsweise der Mindestlohn, grundsätzlich findet bei ihnen jedoch das Arbeitsrecht des Herkunftslandes Anwendung. So sind der Ausbeutung durch deutsche Unternehmen Tür und Tor öffnet.

Die Arbeits- und Lebensbedingungen mobiler Beschäftigter in Deutschland sind bisher wenig erforscht. Es lässt sich noch nicht einmal sagen, wie viele Wanderarbeiter*innen in Deutschland beschäftigt sind. Eine der wenigen Darstellungen, die sich mit der Situation mobiler Beschäftigter in Deutschland beschäftigt, ist die Broschüre *Gleiche Arbeit, Gleiche Rechte* des *DGB Niedersachsen*. Darin beschreibt Patrick Schreiner die prekären Bedingungen, unter denen die Betroffenen in Deutschland arbeiten.

Deren Ausbeutung beginnt häufig bereits bei der Anwerbung im Heimatland. Meist erfolgt diese über spezielle Vermittler*innen, die dafür Gebühren, Transportkosten und andere Abgaben in Rechnung stellen. Den Betroffenen werden zwar zahlreiche Versprechungen gemacht wie gute Löhne, kostenfreie Unterkunft, Sozialleistungen, geregelte Arbeitszeiten. Über ihre Rechte und die Funktionsweise des deutschen Arbeitsmarktes erhalten sie jedoch keinerlei Informationen. In Deutschland angekommen, entpuppen sich die kostenlosen Unterkünfte oft als Baracken, für die horrende Summen vom Lohn einbehalten werden. In der Landwirtschaft nächtigen sie in Holzverschlägen oder unter Plastikplanen und Ästen im Freien. Weit verbreitet sind Sammelunterkünfte wie Container oder ehemalige Kasernen und Gaststätten, in denen sich oft mehrere Bewohner*innen Zimmer und Waschgelegenheiten teilen müssen.

Die Möglichkeit, den Wanderarbeiter*innen ihre Rechte vorzuenthalten oder sie um ihren Lohn zu prellen, sind vielfältig. So werden teils Löhne gar nicht ausbezahlt, in der Hoffnung mobile Beschäftigte würden ihre Ansprüche nicht geltend machen. Häufig werden auch ausstehende Löhne einbehalten, nachdem der/die Arbeitnehmer*in gekündigt hat. Jeder Arbeitsplatzwechsel wird so zum Risiko. Auch Zuschläge oder Überstunden werden häufig nicht bezahlt. So lässt sich zudem der Mindestlohn umgehen. Während die Wanderarbeiter*innen in ihrer regulären Arbeitszeit zum Mindestlohn arbeiten, erbringen sie ihre Überstunden unbezahlt, wodurch der Gesamtlohn sinkt. Auch Sachleistungen werden häufig auf den Lohn angerechnet. Hohe Abzüge nicht nur für Schlafgelegenheiten, sondern auch für Kost oder Arbeitsmittel sind keine Seltenheit. Zu den Methoden der Arbeitgeber*innen gehört auch das verspätete Ausbezahlen des Lohnes und die Bezahlung in bar. Das erschwert nicht nur die Überprüfung des Lohns durch den/die Arbeitnehmer*in, sondern auch die nachträgliche Kontrolle durch Behörden oder Gerichte.

Vielfach werden auch Dokumente nicht oder nur unvollständig ausgestellt. Dies betrifft sowohl den Arbeitsvertrag, aber auch Zeugnisse oder Arbeitsbescheinigungen. Die Beantragung bestimmter Sozialleistungen als auch das Einklagen ausstehender Löhne wird so erschwert. Zudem können die Arbeitsbedingungen damit einseitig zulasten der Betroffenen verändert werden.

Gerade die geringen Sprachkenntnisse vieler Wanderarbeiter*innen werden genutzt, um deren Ausbeutung zu erleichtern. Arbeitsverträge werden in einer Sprache ausgestellt, welche die Betroffenen nicht verstehen, teils in Drittsprachen. In anderen Fällen werden den mobilen Beschäftigten Gewerbeanmeldungen in deutscher Sprache vorgelegt und suggeriert, es handle sich um einen Arbeitsvertrag. Statt als Arbeitnehmer*in sind die Betroffenen dann – ohne ihr Wissen – als Scheinselbstständige ohne Sozialversicherungsschutz, Urlaubsanspruch oder Kündigungsschutz tätig. Nur die wenigsten Wanderarbeiter*innen arbeiten in festen Arbeitsverträgen. Häufig werden befristete Arbeitsverträge mit immer neu geschlossenen befristeten Werkverträgen kombiniert. Durch diese Kombination wird der Kündigungsschutz faktisch ausgehebelt. Werden Werkvertrag und Arbeitsvertrag immer wieder neu auf sechs Monate geschlossen, kann den mobilen Beschäftigten sogar täglich gekündigt werden. Nicht selten geschieht dies auch bei einer Arbeitsunfähigkeit aufgrund einer Krankheit oder eines Unfalls.

Im Zuge der Finanz- und Wirtschaftskrise und der Einführung der Arbeitnehmer*innenfreizügigkeit für die osteuropäischen Staaten kam es auch zu einer Ausweitung der mobilen Beschäftigung auf immer mehr Wirtschaftszweige. »Inzwischen sind alle Branchen betroffen, ja sogar der öffentliche Dienst. Wenn auch in unterschiedlicher Stärke und mit unterschiedlichem Missbrauchspotenzial«, so Volker Roßocha, Abteilungsleiter für Migrationspolitik beim *DGB*-Bundesvorstand.

Neben der Bauwirtschaft, der Landwirtschaft, der Gebäudereinigung und dem Logistikbereich machen vor allem die prekären Verhältnisse von Wanderarbeiter*innen in der Pflegebranche und der Fleischverarbeitung immer wieder Schlagzeilen.

Die deutsche Fleischindustrie hat in Europa ein einzigartiges System zur Billigproduktion geschaffen, in dem die prekären Wanderarbeiter*innen eine Schlüsselrolle einnehmen. Ihr Arbeitseinsatz wird meist über eine Entsendung arrangiert. Über osteuropäische Subunternehmen holen deutsche Großunternehmen wie *Tönnies*, *Danish Crown* oder *Vion* Beschäftigte für einen begrenzten Zeitraum nach Deutschland. Ausgestattet mit einem Arbeitsvertrag nach ausländischem Recht und sozialversichert in ihrem Herkunftsland. Beinahe sämtliche Aufgaben in der Fleischproduktion wurden so mittels Werkverträgen ausgegliedert. Die Schlachtung und Weiterverarbeitung ebenso wie die Verpackung, Kommissionierung und der Transport. Bei den vier größten Schlachtkonzernen stellen Werkvertragsnehmer*innen nach Einschätzung der zuständigen Gewerkschaft *NGG* inzwischen zwei Drittel der Belegschaften. Gleichzeitig wurden tarifliche Arbeitsplätze massiv abgebaut.

Auch in der Fleischproduktion arbeiten die Wanderarbeiter*innen unter extrem ausbeuterischen Bedingungen. 12-14-Stunden-Tage sind eher die Regel als die Ausnahme. Das Produktionstempo steigt kontinuierlich. Wer krank ist, wird in sein Heimatland zurückgeschickt.

Während die mobilen Beschäftigten unter miserablen Bedingungen zu leiden haben, boomt die Fleischbranche. Knapp 60 Kilogramm pro Jahr und Kopf verzehren die Einwohner*innen der Bundesrepublik durchschnittlich. Die deutschen Schlachthöfe sind riesige Produktionsanlagen, in denen jeden Tag 1,9 Millionen Tiere geschlachtet werden. 20 Milliarden Euro jährlich setzten alleine die zehn größten deutschen Unternehmen um – und dies nicht nur in Deutschland. Deutsches Fleisch ist so billig, dass 14 Prozent der Produktion exportiert wird. Unter anderem nach Osteuropa. Ein Grund sind die geringen Herstellungskosten. So kostet die Schlachtung eines Schweins 1,50 Euro, wenn dafür Subunternehmen mit Werkverträgen engagiert werden. Der deutsche Billigexport von Fleisch verschärft das Ungleichgewicht in Europa weiter.

In den Nachbarländern müssen viele Schlachthöfe aufgrund der deutschen Lohndumpingkonkurrenz schließen. So erhalten tarifgebundene Arbeiter*innen in deutschen Schlachthöfen 12 bis 13 Euro, in Italien sind es 23 Euro und in Dänemark 25 bis 27 Euro. Da es in Dänemark grundsätzlich nur tarifgebundene Arbeit in den Fleischindustrie gibt, kann die Branche mit der deutschen Konkurrenz nicht mithalten »Von den 20.000 dänischen Arbeitsplätzen sind 10.000 verloren gegangen«, so Jim Jensen, Vorstand der dänischen Lebensmittelgewerkschaft *NNF*. In Italien sorgte der deutsche Konkurrenzdruck dafür, dass dortige Produzenten nun selbst vermehrt Wanderarbeiter*innen aus dem nordafrikanischen Maghreb beschäftigten.

Ein weiterer Schwerpunkt mobiler Beschäftigung ist der Pflegebereich. Auch hier arbeiten Menschen unter extrem ausbeuterischen und unsicheren Bedingungen. Der – aufgrund hoher Arbeitsbelastung und geringer Löhne – zunehmende Mangel an Pflegekräften führt zu einer hohen Nachfrage nach Personal aus Osteuropa. Davon profitieren vor allem die Agenturen, welche die Arbeitskräfte vermitteln. Von dem Geld, das sie den Angehörigen für Pflegeleistungen in Rechnung stellen, fließt nicht selten mehr als die Hälfte in die Taschen der Vermittler*innen. In der privaten 24-Stunden-Pflege werden Pfleger*innen aus Osteuropa häufig als Haushaltshilfen getarnt eingesetzt. Die Beschäftigungsverhältnisse sind nicht nur mit einem hohen Abhängigkeitsverhältnis verbunden, sondern auch mit ungeregelten Schlafzeiten und extrem reduzierter Freizeit. Bei einem anderen Beschäftigungsmodell werden die angeworbenen Arbeitskräfte zunächst für einen Sprachkurs freigestellt und in dieser Zeit geringer entlohnt. Im Gegenzug müssen sie einen Arbeitsvertrag unterschreiben, mit dem sie sich langjährig binden und den sie nur durch Zahlung einer Vertragsstrafe auflösen können.

Die Möglichkeit der Wanderarbeiter*innen, sich gegen ihre prekären Arbeits- und Lebensbedingungen zu wehren, sind stark eingeschränkt. Ihr teils unsicherer Aufenthaltsstaus macht sie in höchstem Maße erpressbar. Aus der Unkenntnis der mobilen Beschäftigten über die eigenen Rechte resultiert zudem nicht nur ein erhöhtes Risiko der Ausbeutung, oftmals erschweren mangelhafte Sprachkenntnisse auch die Möglichkeit, sich über diese Rechte zu informieren oder sie durchzusetzen. Trotz allem gelang es in den letzten Jahren vermehrt Wanderarbeiter*innen, sich zur Durchsetzung ihrer Rechte zu organisieren. Zum Beispiel im Kampf gegen die Berliner *Mall of Shame*, der am Ende des Buches beschrieben wird. Auch die Gewerkschaften, die der mobilen Beschäftigung lange Zeit nur wenig Aufmerksamkeit geschenkt haben, unterstützen inzwischen mit ihrem Projekt *Faire Mobilität* Wanderarbeiter*innen bei der Durchsetzung ihrer Rechte. Seit 2011 entstanden sieben Beratungsstellen des Projekts, in denen mobile Beschäftigte arbeits- und sozialrechtlich beraten und auch dabei unterstützt werden, juristisch gegen Missstände vorzugehen. Inzwischen sind daneben weitere regionale gewerkschaftliche Beratungsstellen und Projekte entstanden.

2. Altes im neuen Gewand

In den vergangenen Jahren sind nicht nur neue Formen prekärer Beschäftigung entstanden, es fand zudem eine Ausweitung der bereits durch die Hartz-Reformen etablierten atypischen Beschäftigungsverhältnisse statt. In immer mehr Branchen gehören beispielsweise unbezahlte Praktika, Befristungen, Minijobs oder Leiharbeit zum Alltag. Durch die in den letzten Jahren erfolgten gesetzlichen Neuerungen wurde der im Zuge der *Agenda 2010* geschaffene Niedriglohnsektor nicht etwa, wie vielfach behauptet, eingegrenzt, sondern weiter ausgebaut. Der Kreativität der Unternehmen, gesetzliche Regelungen zu ihren Gunsten zu nutzen, sind dabei kaum Grenzen gesetzt.

Kreativ beim Lohnraub –
Generation Praktikum und der Mindestlohn

Seit Jahren steht der Begriff ›Generation Praktikum‹ in der öffentlichen Debatte als Synonym für den immer unsicherer werdenden Berufseinstieg junger Menschen. Fast 600.000 Praktika werden pro Jahr in Deutschland absolviert. Schlechte Arbeitsbedingungen, niedrige Löhne und häufige Arbeitsplatzwechsel ohne Perspektive auf Festanstellung gehören für Praktikant*innen zum Alltag. Mit der Einführung des allgemeinen gesetzlichen Mindestlohns am 01. Januar 2015 sollte dies zumindest im Bereich der Bezahlung anders werden. Vor Einführung der Lohnuntergrenze verdienten fast zwei Drittel aller Praktikant*innen weniger als 800 Euro brutto im Monat, was eine Vergütung von etwa 4,61 Euro pro Stunde bedeutete. Durch den Mindestlohn müssten die Betroffenen nun also eigentlich fast das Doppelte bekommen.

Tatsächlich entwickeln Unternehmen jedoch auch im Bereich Praktika immer kreativere Methoden, um den Mindestlohn zu umgehen. Die Mindestlohngesetzgebung mit ihren zahlreichen Ausnahmen und die unzureichenden Kontrollen lassen den

Unternehmen dabei weitgehend freie Hand. So sind im Gesetz zum Beispiel freiwillige Praktika während eines Studiums von bis zu drei Monaten und Pflichtpraktika im Rahmen einer schulischen, betrieblichen oder universitären Ausbildung von der Lohnuntergrenze ausgenommen. Da sich noch im Studium befindliche Praktikant*innen mit 73 Prozent die große Mehrheit aller Praktikant*innen stellen, gibt es für Unternehmen viele Möglichkeiten, den Mindestlohn nicht zu zahlen. Auf welche Mittel dabei zurückgegriffen wird, zeigt unter anderem die Studie Praktikum und Mindestlohn. Der Faktencheck der *DGB*-Jugend.

So stellen immer mehr Unternehmen nur noch Praktikumsplätze zur Verfügung, wenn Bewerber*innen sich zuvor durch die Universität bescheinigen lassen, dass es sich um ein Pflichtpraktikum handelt – obwohl sie sich eigentlich für ein mindestlohnpflichtiges, freiwilliges Praktikum beworben hatten. Auch durch Verkürzung der Praktikumszeiten auf unter drei Monate versuchen Unternehmen, die Mindestlohnregelung auszuhebeln. Dem Praktikantenspiegel der Unternehmensberatung *Clevis Consult* zufolge absolvierten vor der Einführung des Mindestlohns nur etwa elf Prozent der befragten Praktikant*innen ein bis zu dreimonatiges Praktikum. Nach Inkrafttreten des Gesetzes Anfang 2015 verdoppelte sich diese Zahl fast und lag bei 21 Prozent.

Der Kreativität der Unternehmen sind, wenn es um die Umgehung gesetzlicher Regelungen geht, kaum Grenzen gesetzt. So entstanden im Zuge der Einführung des Mindestlohngesetzes auch neue Praktikumsarten wie Kettenpraktika. Hier wird beispielsweise ein freiwilliges Praktikum von drei Monaten mit einem Pflichtpraktika von sechs Monaten kombiniert. Für die gesamte Dauer entfällt so der Mindestlohn. Einige Betriebe versuchen zudem, durch die Reduzierung der offiziellen Arbeitszeit die Löhne zu drücken. Auf dem Papier arbeiten Praktikant*innen dann 20 oder 25 Stunden und erhalten dafür den gesetzlichen Mindestlohn. Tatsächlich arbeiten sie jedoch 35 Stunden oder mehr. Auch die Umwandlung normaler Beschäftigungsverhältnisse in Praktika gehört zu den Lohnvermeidungsstrategien der Unternehmen. Vor allem bei kurzfristigen Beschäftigungsverhältnissen werden immer häufiger mindestlohnpflichtige Ferienjobs – aber auch Nebenjobs, insbesondere im Gastronomie- und sonstigen Dienstleistungssektor – zu Praktika mit unter dreimonatiger Laufzeit umdeklariert. Verschärft wird die Situation dadurch, dass Praktikant*innen im Vergleich zu anderen Beschäftigten überdurchschnittlich oft in kleineren Betrieben ohne betriebliche Interessenvertretung wie Betriebsräten oder Jugend- und Auszubildendenvertretungen beschäftigt sind. Gerade dort werden Praktikant*innen besonders häufig als Alternative für sozialversicherungspflichtige Beschäftigung eingesetzt.

Vermehrt rechnen Unternehmen bei Praktika zudem Sachleistungen an. Gibt es Kaffee gratis oder einen Zuschuss zum Kantinenessen, wird mit Verweis auf die gewährten Vergünstigungen oftmals weniger Lohn ausgezahlt.

Während schon jetzt vielen Praktikant*innen der Mindestlohn vorenthalten wird, soll sich nach Willen der Unionsparteien die Ausgangslage für die betroffenen Beschäftigten in Zukunft noch weiter verschlechtern. Ebenso wie die *Bundesvereinigung der Deutschen Arbeitgeberverbände* (BDA) fordern sie die generelle Abschaffung des Mindestlohns für Praktikant*innen. In einer gemeinsamen Stellungnahme des CDU-Studierendenverband *Ring Christlich-Demokratischer Studenten* (RCDS), der *Junge Union* (JU) und der *CDU-Mittelstandsvereinigung* heißt es: »Alle Praktika, die während des Studiums oder der Ausbildung absolviert werden, egal ob freiwillige Praktika oder Pflichtpraktika, sollten immer mindestlohnfrei sein.«

Angesichts der zahlreichen Methoden der Arbeitgeber*innen, die Lohnuntergrenze zu umgehen – und nicht zu vergessen den Möglichkeiten, die ihnen dazu durch die Ausnahmen im Mindestlohngesetz und den unzureichenden Kontrollen des Mindestlohngesetzes von der Politik an die Hand gegeben werden –, ist es wenig erstaunlich, dass sich seit Einführung des Mindestlohns wenig an der prekären Situation von Praktikant*innen geändert hat. Eine Situation, die die Betroffenen zunehmend belastet. So kann gut ein Drittel der in der Studie der Gewerkschaftsjugend befragten Praktikant*innen in der Freizeit nicht richtig abschalten, jede/r Fünfte klagt über Zeitdruck. Gleichzeitig gehen mehr als drei Viertel der Praktikant*innen davon aus, auch in Zukunft häufig ihren Arbeitsplatz wechseln zu müssen, und fast die Hälfte fürchtet sich vor einem baldigen Arbeitsplatzverlust. Wenig überraschend daher, dass sich 78 Prozent von ihnen Sorgen um ihre künftige wirtschaftliche Situation machen. Für viele Betroffene bleibt das Praktikum auch nach Einführung des Mindestlohns der Einstieg in ein zunehmend prekärer werdendes Erwerbsleben, geprägt von sozialer Unsicherheit und niedrigen Löhnen.

Der Befristungswahn – Leben in der Warteschleife

Eine ganz neue Dimension in der zunehmend prekärer werdenden Arbeitswelt erreichte in den vergangenen Jahren auch die befristete Beschäftigung. Mehr als 3,2 Millionen Menschen – fast jeder zehnte abhängig Beschäftigte – arbeiten inzwischen in einem befristeten Arbeitsverhältnis. In den vergangenen Jahren hat die Zahl der befristeten Arbeitsverträge damit um mehr als eine Million zugenommen. Betroffen von dieser Entwicklung sind insbesondere junge Arbeitnehmer*innen.

Die Grundlage für den heutigen Befristungswahnsinn legte bereits die 1982 an die Macht gekommene schwarz-gelbe Bundesregierung unter Helmut Kohl. Teil deren neoliberaler Agenda war die Deregulierung des Arbeitsmarktes. Eine der ersten Etappen zur Flexibilisierung der Arbeitsbeziehungen stellte das 1985 verabschiedete *Beschäftigungsförderungsgesetz* dar. Auf Basis dieses Gesetzes konnten zum ersten Mal Arbeitsverträge für die Dauer von 18 Monaten ohne sachlichen Grund befristet werden. Zunächst nur bis zum 01. Januar 1990 gültig, wurde das Gesetz im Anschluss immer wieder verlängert.

Der tatsächliche Boom der befristeten Beschäftigung begann jedoch erst mit der rot-grünen Bundesregierung. Das 2001 in Kraft getretene *Teilzeit- und Befristungsgesetz* löste das *Beschäftigungsförderungsgesetz* ab und wurde schon bald durch das *Erste Gesetz für moderne Dienstleistungen am Arbeitsmarkt* (Hartz I) geändert. Seitdem ist bei Neueinstellungen eine Befristung ohne sachlichen Grund bis zu zwei Jahre möglich. Unter Beachtung der Höchstdauer von zwei Jahren kann das Arbeitsverhältnis bis zu dreimal verlängert werden. Bei neugegründeten Unternehmen ist eine Befristung ohne Sachgrund bis zu vier Jahren möglich. Bei Arbeitnehmer*innen über 52, die zuvor erwerbslos waren, sogar eine Befristung von fünf Jahren.

Deutlich wird der Schub, den die rot-grüne Agenda Politik für die Befristungspraxis der Unternehmen brachte, bei einer Betrachtung der Befristungsquote unter den Neueinstellungen. Waren nach Verabschiedung des *Beschäftigungsförderungsgesetz* in den ersten Jahren nur zwei Prozent der neu abgeschlossenen Einstellungen befristet, stieg deren Quote zwar seit 1991 kontinuierlich an, aber erst ab 2003 erreicht sie das Ausmaß, das Gewerkschaften heute von einem Massenphänomen sprechen lässt. Inzwischen sind 42 Prozent aller Neueinstellungen befristet.

Bei Männern sind 38 Prozent aller neu abgeschlossenen Arbeitsverträge befristet, bei Frauen sind es sogar 47 Prozent.

Für die Unternehmen gehen mit der Möglichkeit der Befristung zahlreiche Vorteile einher. Viele Betriebe nutzen sie als verlängerte Probezeit. Während einer Befristung wird sich ein/e Arbeitnehmer*in hüten, Überstunden auch mal abzulehnen, zu oft krank zu sein, seinem/r Vorgesetzten zu widersprechen oder sich gar gewerkschaftlich zu engagieren. Zudem profitieren Unternehmen vom nicht vorhandene Kündigungsschutz für befristete Arbeitnehmer*innen. So entfallen Kündigungsschutzzeiten ebenso wie Abfindungen.

Besonders betroffen vom Befristungsboom sind junge Arbeitnehmer*innen. Mehr als 60 Prozent aller befristeten Beschäftigten sind jünger als 35. Jede*r fünfte Arbeitnehmer*in unter 35 hat nur einen befristeten Arbeitsvertrag. Auszubildende, Praktikant*innen oder Umschüler*innen sind dabei bereits herausgerechnet. Ausgerechnet Arbeitnehmer*innen in der Phase des Berufseinstiegs und der Familiengründung sind also in besonderen Maße von den prekären Bedingungen der befristeten Beschäftigung betroffenen. So ist es wenig erstaunlich, dass befristet Beschäftigte deutlich seltener verheiratet sind und weniger Kinder haben als ihre Altersgenoss*innen mit festen Arbeitsverträgen. Während 27,7 Prozent der 20- bis 34-Jährigen mit dauerhaftem Arbeitsvertrag in einer Ehe leben, sind es bei den befristet Beschäftigten gleichen Alters nur 17,4 Prozent. Ebenso deutlich sind die Unterschiede bei der Anzahl der Kinder. In 100 Haushalten von befristet Beschäftigten leben durchschnittlich 29 Kinder. In 100 Haushalten von Gleichaltrigen mit festem Vertrag gibt es hingegen 42 Kinder.

Zudem sind befristet Beschäftigte häufig auch von Dumpinglöhnen betroffen. So arbeiten 40 Prozent aller befristet Beschäftigten in Deutschland für einen Niedriglohn von unter 9,14 Euro pro Stunde und sind wesentlich häufiger armutsgefährdet als unbefristete Arbeitnehmer*innen. 15 Prozent der befristet Beschäftigten zwischen 20 und 34 Jahren zählen zu den sogenannten ›working poor‹, die weniger als 60 Prozent des mittleren bedarfsgewichteten Einkommens zur Verfügung hat. Bei Gleichaltrigen mit dauerhaften Arbeitsvertrag sind es 7,5 Prozent. Die Beschäftigung auf Zeit bringt auch ein höheres Risiko der Arbeitslosigkeit mit sich. Bis zu 15 Prozent der Betroffen ist ein Jahr später ohne Arbeit. Bei den Arbeitnehmer*innen mit festen Vertrag liegt der Anteil nur bei 5 Prozent.

Für immer mehr Betroffene wird die Befristung zudem zum Dauerzustand. Die Höchstdauer von maximal zwei Jahren bei Befristungen ohne Sachgrund soll eigentlich sogenannte Kettenbefristungen verhindern. Trotzdem sorgen spektakuläre Fälle immer wieder für Aufsehen: Eine Lehrerin aus Hessen, die in sieben Jahren von ihrer Schule 16 verschiedene Verträge vorgelegt bekam. Eine Briefträgerin aus Mecklenburg-Vorpommern, die innerhalb von 17 Jahren 88 Mal befristet wurde. Oder die Mitarbeiterin der Landeshauptstadt Stuttgart, die im Laufe von etwas mehr als acht Jahren 48 befristete Verträge erdulden musste.

Bei den meisten solcher Befristungsketten handelt es sich um Befristungen mit Sachgrund. Diese können nahezu beliebig lange aneinander gereiht werden. Es muss nur einer der acht Gründe erfüllt sein, die das *Teilzeit- und Befristungsgesetz* vorsieht. Etwa die »Vertretung eines anderen Arbeitnehmers«, ein »vorübergehender Bedarf« oder dass die »Befristung im Anschluss an eine Ausbildung oder ein Studium erfolgt« und so »den Übergang des Arbeitnehmers in eine Anschlussbeschäftigung erleichtert«. Was angesichts der zahlreichen Debatten um ein Verbot der sachgrundlosen Befristungen wie es unter anderem von der Linkspartei, den Gewerkschaften und Teilen der SPD gefordert wird, wenig Beachtung findet, ist, dass sich etwa die Hälfte der befristeten Verträge auf einen Sachgrund stützt. Für die Hälfte der Betroffenen würde eine Abschaffung der sachgrundlosen Befristungen also keine Verbesserungen mit sich bringen und auch das Problem der Kettenbefristungen wäre dadurch nicht gelöst. Auch die im Koalitionsvertrag zwischen SPD und Union festgeschriebenen Verbesserungen betreffen – so sie denn gesetzliche Realität werden – vor allem die sachgrundlosen Befristungen, die künftig nur noch 18 Monate möglich sein sollen und maximal einmal unter Beachtung der Höchstdauer verlängert werden dürfen. Einschränkungen bei der sachgrundlosen Befristung und selbst eine Abschaffung dieser Form der befristeten Beschäftigung würde das Problem jedoch voraussichtlich nur verschieben. Denn auch ein Großteil der offiziell grundlosen Fristverträge hat durch das *Teilzeit- und Befristungsgesetz* gedeckte sachliche Gründe. Unternehmen ziehen allerdings oftmals die Befristung ohne Sachgrund vor. Zum einen, weil ihnen eine Befristung von zwei Jahren meist völlig ausreicht, zum anderen, weil ein Sachgrund immer anfechtbar ist und die Unternehmen mögliche juristische Prüfungen umgehen wollen.

Neben den bereits genannten Befristungsgründen, beinhaltet das *Teilzeit- und Befristungsgesetz* auch eine Regelung, die ausschließlich der öffentlichen Hand offen steht. Werden Arbeitnehmer*innen aus Mitteln vergütet, »die haushaltsrechtlich für eine befristete Beschäftigung bestimmt sind«, ist die Befristung sachlich begründet. Die öffentlichen Arbeitgeber*innen haben so weitgehend freie Hand bei der Befristung von Arbeitsverhältnissen. Es ist daher wenig überraschend, dass viele der medialen Beispiele für lange Befristungsketten aus dem öffentlichen Dienst stammen.

So erfolgen etwa 60 Prozent der Einstellungen im öffentlichen Dienst befristet, während es in der Privatwirtschaft 40 Prozent sind. Im Bereich der Wissenschaft sind es gar 87 Prozent der Neueinstellungen. An Universitäten gelten zudem besonders arbeitnehmer*innenfeindliche Regelungen, laut denen sich bis zu 15 Jahre lang ein befristeter Vertrag an den nächsten anschließen darf. Gerade im öffentlichen Dienst wird die Befristung schnell zum Dauerzustand. So fiel die Übernahmequote befristeter Beschäftigter im öffentlichen Dienst 2014 mit 32 Prozent um 10 Prozentpunkte geringer aus als im privaten Sektor. In der Wissenschaft liegt sie bei gerade einmal 9 Prozent. Der Mythos der sicheren Beschäftigung im öffentlichen Dienst lässt sich anhand dieser Zahlen nicht mehr aufrechterhalten. Prekäre Arbeitsverhältnisse gehören auch dort zum Alltag. Gerade am Beispiel der befristeten Beschäftigung zeigt sich, dass auch der öffentliche Dienst inzwischen von einem unsicheren Berufseinstieg und einem prekären Arbeitsleben geprägt ist.

Die bisherigen Debatten insgesamt zeigen, dass die Betroffenen von der Politik nur wenig zu erwarten haben, wenn es darum geht, ihre Arbeits- und Lebensbedingungen zu verbessern. Zwar wird der ›Missbrauch‹ der befristeten Beschäftigung – zum Beispiel durch Kettenpraktika oder die Ausweitung sachgrundloser Befristungen – von den Parteien verschiedenster Couleur immer wieder angeprangert, das System des Befristungswahns als solches wird jedoch kaum infrage gestellt. Ein Ausweg aus dem Leben in der Warteschleife scheint nur durch eine gemeinsame Organisierung der Betroffenen zur Durchsetzung ihrer Interessen möglich.

Kleine Jobs ganz groß –
Der Boom der Minijobs

Die sogenannten Minijobs sind eine der am weitesten verbreitete Form prekärer Beschäftigung. Seit der Neuregelung der geringfügigen Beschäftigung im Rahmen der Hartz-Reformen ist die Zahl der Minijobs kontinuierlich gewachsen und befindet sich heute auf einem Rekordhoch. Rund 7,7 Millionen Menschen sind mittlerweile in einem 450-Euro-Job tätig. Damit wird fast jede fünfte abhängige Beschäftigung in Deutschland geringfügig entlohnt. Nur für die wenigsten ist der Minijob ein Nebenverdienst, für zwei Drittel der Betroffenen stellt er das alleinige Einkommen dar.

Gerade für diese gehen die Minijobs mit erheblichen negativen Folgen einher. So findet z.B. eine Einzahlung in die Renten- und Sozialkassen faktisch nicht statt. Die von den Arbeitgeber*innen eingezahlten Beiträge in die Sozialversicherung sind Pauschalbeträge, die keine grundsätzlichen Ansprüche für die Minijobber*innen sichern. Zwar sind auch geringfügig Beschäftigte seit einer Gesetzesänderung 2013 rentenversicherungspflichtig, sie können jedoch auf Antrag von der Versicherungspflicht befreit werden. Laut Angaben der Minijobzentrale sind im gewerblichen Bereich 82 Prozent und in Privathaushalten sogar 86 Prozent der Betroffenen von der Einzahlung in die Rentenkassen befreit. Doch auch die erworbenen Ansprüche derjenigen Minijobber*innen, die in die Renteneinkasse einzahlen, sind nur minimal. Derzeit bedeutet ein Jahr Minijob bei einem durchgängigen monatlichen Verdienst in Höhe von 450 Euro im gewerblichen Bereich gerade einmal einen Rentenzuwachs von etwa 3,64 Euro pro Monat. Noch gravierender ist die Situation bei Minijobs in Privathaushalten. Hier erwerben Minijobber nach einem Jahr nur 1,21 Euro Rentenzuwachs pro Monat.

Die Betroffenen besitzen jedoch nicht nur so gut wie keine soziale Absicherung, sondern beziehen auch besonders häufig Niedriglöhne. Gut 70 Prozent der Minijobber*innen verdient weniger als 9,75 Euro die Stunde. Bei Vollzeitbeschäftigten sind es nur elf Prozent. Wie aus einer Studie des Wirtschafts- und Sozialwissenschaftlichen Instituts der gewerkschaftsnahen *Hans-Böckler-Stiftung* vom Januar 2017 hervorgeht, erhalten viele Minijobber*innen noch nicht einmal den gesetzlichen Mindestlohn. So liegt das Einkommen von knapp der Hälfte der geringfügig Beschäftigten unter der Lohnuntergrenze. Teilweise werden sogar extrem niedrige Stundenlöhne bezahlt. Etwa jede/r fünfte Minijobber*in bekommt weniger als 5,50 Euro brutto pro Stunde.

Die Missachtung des *Mindestlohngesetzes* fügt sich in das Muster, Minijobber*innen grundlegende Arbeitnehmer*innenrechte vorzuenthalten. Eigentlich unterliegt die geringfügige Beschäftigung als Teilzeit-Arbeitsverhältnis allen üblichen arbeitsrechtlichen Regelungen und eine Benachteiligung der Betroffenen gegenüber Vollzeitbeschäftigten ist gesetzlich untersagt. So haben Minijobber*innen ebenso Anspruch auf alle Arbeitsentgelte im Umfang ihrer Arbeitszeit, wie auf bezahlten Urlaub, Lohnfortzahlung im Krankheitsfalle, Mutterschutz oder Elternzeit.

Die betriebliche Realität sieht jedoch häufig anders aus: Obwohl geringfügig Beschäftigte reguläre Tätigkeiten verrichten, werden sie oft mit Aushilfslöhnen abgespeist. Eine Studie des *Instituts für Arbeitsmarkt- und Berufsforschung* zeigt zudem, dass vielen Minijobber*innen gesetzlich zustehende Leistungen vorenthalten werden. So erhält rund ein Drittel von ihnen keinen bezahlten Urlaub und fast der Hälfte wird die Lohnfortzahlung im Krankheitsfalle verweigert. Auch gegen die gesetzlichen Regelungen für Arbeits- und Ruhezeiten und im Arbeits- und Gesundheitsschutz wird häufig verstoßen.

Eine eigenständige Existenzsicherung ist mit Minijobs weder im Erwerbsleben noch in der Rente möglich. Für Betroffene bedeutet geringfügige Beschäftigung immer die Abhängigkeit vom Einkommen eines Partners oder einer Partnerin oder von staatlichen Leistungen. So erhielten 2015 1,2 Millionen Menschen Leistungen nach dem ALG II und waren parallel erwerbstätig.

Fast die Hälfte dieser sogenannten Aufstocker*innen waren in einem geringfügigen Beschäftigungsverhältnis.

Mit der Ausweitung der geringfügigen Beschäftigung im Zuge der Hartz-Reformen wurde so faktisch ein Kombilohn zugunsten der Unternehmen geschaffen, der auf Kosten der Arbeitnehmer*innen durch enorme finanzielle Ausfälle im Steuersystem und den sozialen Sicherungssystemen subventioniert wird. Allein der Einnahmeverlust durch die Verdrängung sozialversicherungspflichtiger Beschäftigung mittels Minijobs wird für die gesetzliche Krankenversicherung auf jährlich 0,5 Milliarden Euro geschätzt, für die gesetzliche Pflegeversicherung auf 0,29 Milliarden Euro und für die Arbeitslosenversicherung auf 1,1 Milliarden Euro.

Gerade im Bereich der geringfügigen Beschäftigung zeigt sich auch die ambivalente Rolle der Gewerkschaften im Umgang mit prekären Arbeitsverhältnissen. Einerseits fordert der *DGB* Reformen bei den Minijobs, um die Arbeitsbedingungen der Betroffenen zu verbessern. So soll die pauschale Besteuerung zugunsten einer Einbindung in das allgemeine Besteuerungssystem abgeschafft werden. Zudem sollen nach Willen der Gewerkschaften die Minijobber*innen ab dem ersten Euro in die Sozialversicherungen einbezogen werden. Das vom *DGB* vorgeschlagene Modell einer Gleitzonenregelung sieht vor, dass der Beitragsanteil der Beschäftigten an der Sozialversicherung zunächst sehr niedrig ist und dann parallel zur Höhe der Vergütung schrittweise ansteigt, während die anfangs höhere Belastung auf Arbeitgeber*innenseite langsam sinkt. Eine paritätische Beitragszahlung würde erst bei Arbeitsverhältnissen mit mehr als 850 Euro im Monat beginnen. Daneben fordern die Gewerkschaften von der Bundesregierung, die Beschäftigten besser über ihre Rechte zu informieren und härtere Strafen bei Verstößen gegen den Gleichheitsgrundsatz gesetzlich zu verankern.

Andererseits hält der *DGB* gerade im gewerblichen Bereich prinzipiell an der Möglichkeit der geringfügigen Beschäftigung fest. Dies ist auch wenig überraschend, wenn man bedenkt, dass die Gewerkschaften selbst einst prekäre Beschäftigungsverhältnisse wie Leiharbeit und Minijobs als Möglichkeit zur Integration in den ersten Arbeitsmarkt propagiert haben und sich aktiv am Umbau des Arbeitsmarktes beteiligten. Als die rot-grüne Koalition 2002 die später als Hartz-Kommission bekannt gewordene Kommission für moderne Dienstleistungen am Arbeitsmarkt ins Leben rief, gehörten ihr mit Isolde Kunkel-Weber von der Dienstleistungsgewerkschaft *ver.di* und Peter Gasse von der *IG Metall* auch zwei Vertreter der größten *DGB*-Mitgliedsgewerkschaften an.

Ergebnis der Beratungen der Kommission war unter anderem das von den Gewerkschaften mitgetragene *Zweite Gesetz für moderne Dienstleistungen am Arbeitsmarkt*, das noch im Jahr 2002 verabschiedet wurde. In dem auch als Hartz II bekannten Gesetz wurde nicht nur die Einrichtung von Jobcentern und die Förderung von sogenannten Ich-AGs beschlossen, sondern auch die bisher stark reglementierte geringfügige Beschäftigung neu geregelt. So wurde die Ausübung eines Minijobs als Nebenerwerb legalisiert und die bisherige Begrenzung der Tätigkeit auf 15 Wochenstunden entfiel. Erst diese von den Gewerkschaften zunächst unterstützten Deregulierungen machten die massive Ausweitung des Niedriglohnsektors möglich.

Heute sehen der *DGB* und seine Mitgliedsgewerkschaften dies anders. Die Hoffnung, Minijobs könnten für Langzeitarbeitslose oder Berufsrückkehrer eine Brücke in den regulären Arbeitsmarkt sein, habe sich nicht erfüllt, meint etwa die stellvertretende *DGB*-Vorsitzende Amelie Buntenbach. Die logische Konsequenz aus dieser Einsicht, die Organisierung prekär Beschäftigter voranzutreiben, um gemeinsam mit ihnen für das Ende solcher Arbeitsverhältnisse zu kämpfen, bleibt jedoch aus. Besonders deutlich wird dies beim gewerkschaftlichen Umgang mit der Beschäftigung von Haushaltshilfen in Privathaushalten. Im Sommer 2016 zeigte eine Studie des Instituts der deutschen Wirtschaft, dass von den etwa 3,6 Millionen Haushaltshilfen, die in deutschen Privathaushalten arbeiten, etwa 80 Prozent nicht angemeldet und damit illegal beschäftigt sind. Mehr als 300.000 arbeiten in Minijobs.

Der *DGB* nahm die Zahlen zum Anlass, für sein neues Konzept ›Arbeitsplatz Privathaushalt – Gute Arbeit ist möglich‹ zu werben. Im Zentrum steht dabei nicht die Organisierung der häufig migrantischen Arbeitskräfte, sondern stattdessen die Bezuschussung professioneller Dienstleister*innen. So sollen in Zukunft den Gewerkschaften zufolge nicht mehr die Dienstleistungsunternehmen die Sozialversicherungsbeiträge der Beschäftigten bezahlen, sondern der Staat. Durch diese staatliche Querfinanzierung in Milliardenhöhe sollen legale Beschäftigungsformen die Schwarzarbeit eindämmen. Zudem fordert der *DGB*, Schwarzarbeit auch in Privathaushalten strenger zu verfolgen, und befürwortet zu diesem Zweck sogar Kontrollen durch Zollbeamt*innen in Privatwohnungen.

Dies ist nach geltendem Recht jedoch gar nicht möglich, wie die Behörde selbst zum Thema Kontrollen gegen Schwarzarbeit auf ihrer Homepage schreibt: »Ein Betretensrecht für Wohnraum besteht aufgrund des grundgesetzlich geschützten Bereichs der Wohnung (Art. 13 Grundgesetz) nicht.«

Nicht zum ersten Mal setzen die deutsche Gewerkschaften auf staatliches Eingreifen statt auf gewerkschaftliche Organisierung, um gegen oftmals von Migrant*innen ausgeübte illegale Beschäftigung vorzugehen. Bekannt wurde vor allem die Kampagne *Ohne Regeln geht es nicht* der *Industriegewerkschaft Bauen-Agrar-Umwelt* (IG BAU) gegen Schwarzarbeit im Baugewerbe, die sich in erster Linie gegen osteuropäische Arbeitskräfte richtete. Hauptforderungen dieser 2004 begonnenen Kampagne waren verstärkte Baustellenkontrollen und die Einrichtung einer Telefon-Hotline, bei der illegale Beschäftigung auf Baustellen kostenlos gemeldet werden sollte. Die über die Hotline eintreffenden Informationen gab die *IG BAU* an staatliche Stellen weiter. Denunziert wurden meist ausländische Beschäftigte. Während diese verhaftet und häufig abgeschoben wurden, kamen die ertappten Unternehmen meist mit einem Bußgeld oder einer Ermahnung davon. Das Ziel, die Schwarzarbeit einzudämmen, erreichte die *IG BAU* mit dieser Kampagne nicht. Stattdessen wurden Rassismus und die Ausgrenzung illegalisierter Beschäftigter befördert.

Die Hausarbeit bleibt ein Bereich, in dem Minijobs und andere prekäre Beschäftigungsverhältnisse dominieren, und ein Grund hierfür ist der mangelnde Wille deutscher Gewerkschaften, Hausangestellte zu vertreten. Deren Arbeitssituation bringt zudem einige Probleme mit sich, die gewerkschaftliche Zusammenschlüsse erschweren. So haben nicht wenige migrantische Haushaltshilfen keine Arbeitspapiere und sind daher aus Angst vor Strafen oder Ausweisung häufig nicht in der Lage, sich gegen schlechte Arbeits- und Lohnbedingungen zu wehren. Hinzu kommen oftmals geringe Sprachkenntnisse und fehlendes Wissen über die Gewerkschaften und das Arbeitsrecht in Deutschland. Zudem arbeiten Haushaltshilfen isoliert in privaten Häusern, was wenig Kontakte zu anderen Arbeitnehmer*innen mit sich bringt. All dies würde auf solcherart Beschäftigte zugeschnittene gewerkschaftliche Angebote erfordern.

Während jedoch in zahlreichen Gewerkschaften weltweit und in Europa – trotz der vorhandenen Schwierigkeiten – informell und prekär Beschäftigte inzwischen das Rückgrat der heutigen Gewerkschaftsbewegung bilden und diese mit konsequenten Arbeitskämpfen für eine Verbesserung ihrer Arbeits- und Lebensbedingungen streiten, setzen die deutschen Gewerkschaften wie im Bereich der geringfügigen Beschäftigung weiter auf Regulierung und Kontrolle durch den Staat statt auf gewerkschaftliche Organisierung der Betroffenen.

Schuften für den Exportweltmeister – Standortvorteil Leiharbeit

Kaum ein Bereich der prekären Beschäftigung hat in den vergangenen Jahren einen solchen Boom erlebt wie die Leih- und Zeitarbeit. Nach dem krisenbedingten Rückgang der Leiharbeit 2009, bei dem Hunderttausende ihren Arbeitsplatz verloren und die Zahl der auf Leihbasis Beschäftigten auf knapp 500.000 fiel, hat sie sich innerhalb von acht Jahren fast verdoppelt und erreichte 2016 einen neuen Höchststand mit mehr als einer Million Leiharbeitnehmer*innen.

Den Grundstein für den Boom der Leiharbeitsbranche legte die 2003 im Zuge der rot-grünen Agenda 2010 erfolgte Neufassung des *Gesetzes zur Arbeitnehmerüberlassung*. Lag die Zahl der Leiharbeitnehmer*innen 1996 noch bei 170.000, stieg sie seit der Deregulierung bei der Arbeitnehmer*innenüberlassung kontinuierlich an. Gleichzeit stieg auch die Zahl der Verleihbetriebe, die von der wachsenden Leiharbeit profitieren. Vermittelten 1994 noch 6.910 Betriebe Leiharbeitnehmer*innen, waren es Ende 2010 bereits 16.600. Im Juni 2016 zählte die *Bundesagentur für Arbeit* 52.200 Verleihbetriebe.

Für die Betroffenen ist die Leiharbeit verbunden mit einer permanenten sozialen Unsicherheit, der ständigen Angst vor Arbeitsplatzverlust und niedrigen Löhnen. So verdienen Leiharbeitnehmer*innen im Schnitt 43 Prozent weniger als ihre festangestellten Kolleg*innen. Einer der Gründe ist, dass Leiharbeitnehmer*innen meist nicht in die richtige Entgeltgruppe eingruppiert werden. Ihre Ausbildung und Erfahrung oder die ausgeübte Tätigkeit bleibt bei der Eingruppierung häufig unberücksichtigt. So beziehen Facharbeiter*innen oft nur den Lohn einer Hilfskraft. Dies führt zu Löhnen, die nicht zum Leben reichen.

Nicht nur niedrige Löhne machen den Leiharbeitnehmer*innen zu schaffen. Besonders die unsicheren Arbeitsverhältnisse belasten die Betroffenen. Sie müssen oft weite Strecken zum Entleihbetrieb zurücklegen und können von einem auf den anderen Tag ihren Arbeitsplatz verlieren. Eine Familien- und Zukunftsplanung ist aufgrund der ständigen sozialen Unsicherheit beinahe unmöglich. Die Dynamik der Leiharbeitsbranche bedeutet für die Betroffenen häufige Arbeitsplatzwechsel. Im ersten Halbjahr 2016 wurden 678.000 Beschäftigungsverhältnisse neu abgeschlossen und 616.000 beendet. Mehr als die Hälfte der Leiharbeitsverhältnisse endet nach weniger als drei

Monaten. Viele Arbeitnehmer*innen stehen dann erst einmal auf der Straße.

Fast die Hälfte der Leiharbeitnehmer*innen, deren Arbeitsverhältnis beendet wurde, ist nach 30 Tagen immer noch ohne Beschäftigung. Gerade einmal 26 Prozent hat nach 30 Tagen eine sozialversicherungspflichtige Beschäftigung außerhalb der Leiharbeit gefunden. Fast jede/r Fünfte dagegen arbeitet erneut in einem Leiharbeitsverhältnis. Von der vielbeschworenen Brücke in die reguläre Beschäftigung, die die Arbeitnehmerüberlassung angeblich darstellt, bleibt bei genauerem Hinsehen also nicht viel übrig.

Gerade die soziale Unsicherheit und ständige Angst vor dem Arbeitsplatzverlust macht es den Betroffenen schwer, sich zu wehren. In den Entleihbetrieben werden Leiharbeitnehmer*innen oft wie Beschäftigte zweiter Klasse behandelt und nicht selten auch als solche durch andere Arbeitskleidung gekennzeichnet. Grundlegende Arbeitnehmer*innenrechte zum Beispiel bei der Mitbestimmung werden ihnen vorenthalten. Auch bei Arbeitspausen oder der Urlaubsgewährung werden sie gegenüber festangestellten Kolleg*innen benachteiligt. Zudem arbeiten sie häufiger unter schlechteren Arbeitsbedingungen, die sich auch auf die Gesundheit auswirken. Die Arbeit ist sowohl körperlich anstrengender, als auch mit geringeren Handlungsspielräumen versehen.

Die Unternehmen profitieren so nicht nur von niedrigeren Löhnen und der Möglichkeit, Leiharbeitnehmer*innen von einem auf den anderen Tag vor die Tür setzen zu können, sondern auch von der Spaltung der Belegschaften, die ein gemeinsames Vorgehen der Beschäftigten gegen schlechte Arbeits- und Lohnbedingungen hemmt. Wie nötig der gemeinsame Kampf von Leiharbeitnehmer*innen und festangestellten Kolleg*innen gegen die Prekarität jedoch wäre, zeigt der Umstand, dass die Leiharbeit zunehmend feste Arbeitsplätze verdrängt. So gründen Unternehmen vielfach eigene Leiharbeitsfirmen, um Tarifverträge zu unterlaufen. In diese neu gegründeten Unternehmen werden Arbeitsplätze, die vormals im Stammbetrieb angesiedelt waren, outgesourct. Neueinstellungen erfolgen dann ausschließlich in diesen ausgelagerten Unternehmen zu dann schlechteren Bedingungen und vor allem niedrigeren Löhnen.

Dies zeigt sich auch bei einem Blick in die Vermittlungsstatistik der *Agentur für Arbeit*. Wie die Antwort auf eine Anfrage der *Linken*-Bundestagsabgeordneten Susanne Ferschl zeigt, ist fast jede zweite bei Arbeitsagenturen und Jobcentern gemeldete Vollzeitstelle eine Anstellung in der Arbeitnehmer*innenüberlassung. So waren im November 2017 insgesamt 523.790 Vollzeitstellen offiziell gemeldet, 216.294 davon in der Leiharbeit – das entspricht einem Anteil von 41,3 Prozent. 33 Prozent aller erfolgreichen Vermittlungen der Bundesagentur erfolgt in Leiharbeitsverhältnisse.

Der Kampf gegen die Leiharbeit ist somit nicht nur für die Betroffenen, sondern für die gesamte Arbeiter*innen- und Gewerkschaftsbewegung von Bedeutung.

Dass sie bei diesem Kampf für eine Verbesserung ihrer Arbeits- und Lebensbedingungen nicht auf Unterstützung aus der Politik rechnen können, zeigt die zum 1. April 2017 in Kraft getretene Neuregelung des *Arbeitnehmerüberlassungsgesetzes*. Lange hatte die Große Koalition um die im Koalitionsvertrag vereinbarte Neuregelung des Gesetzes gerungen. Insbesondere die bayerische CSU stellte sich immer wieder quer.

Der erste Entwurf des *Arbeits- und Sozialministeriums* beinhaltete eine klarere Abgrenzung zwischen legalen und illegalen Werkvertragsformen auf Basis eines Kriterienkatalogs. Auf Druck der Arbeitgeber*innenverbände und der Union wurde dieser Kriterienkatalog ebenso aus dem Gesetz gestrichen wie mehrere Maßnahmen zur Regulierung der Leiharbeit. So kann die Überlassungshöchstdauer nun weiterhin per Tarifvertrag über die maximal vorgesehenen 18 Monate ausgedehnt werden. Die gleiche Bezahlung für Leiharbeitnehmer*innen und Stammbelegschaft soll erst nach 15 statt nach zwölf Monaten verpflichtend werden. Während die Arbeitgeber*innenverbände sich mit dem neuen Gesetz zufrieden zeigten und, wie der Hauptgeschäftsführer des *Arbeitgeberverbands Gesamtmetall*,

Oliver Zander, Andrea Nahles dafür lobten, das Gesetz »deutlich nachgebessert« zu haben, blieb die CSU, insbesondere aufgrund des Verbots des Einsatzes von Leiharbeitsbeschäftigten als Streikbrecher*innen, zunächst bei ihrer Ablehnung, musste jedoch schließlich einlenken.

Für die mehr als eine Million Leiharbeitnehmer*innen, ebenso wie für die immer zahlreicher werdenden Werkvertragsnehmer*innen hat das Gesetz nur wenige positive Auswirkungen. Es schreibt stattdessen den Status quo, insbesondere durch die Aufrechterhaltung des Tarifvorbehalts, fort. Trotzdem stellten sich nicht nur die Arbeitgeber*innenverbände hinter die Neuregelung der Arbeitnehmer*innenüberlassung, sondern auch die Gewerkschaften.

Jörg Hofmann, Vorsitzender der *IG Metall*, begrüßte, dass »mit diesem Entwurf unsere tariflichen Regelungen mit Anpassungen fortgeführt werden können«. Die *Industriegewerkschaft Bergbau-Chemie-Energie* IG BCE gab sogar eine gemeinsame Erklärung mit dem Bundesarbeitgeberverband Chemie heraus, in der es heißt: »Der vorliegende Gesetzentwurf ist ausbalanciert und wirkungsfähig, es werden angemessene Grenzen zwischen notwendiger Flexibilität und Missbrauch von Zeitarbeit und Werkverträgen gezogen.«

Dass die Ankündigung Jörg Hofmanns, dass die Gewerkschaften ihre tarifpolitischen Regelungen an die neue Gesetzeslage anpassen, für die Leiharbeitnehmer*innen nichts Gutes bedeutet, wurde bereits kurz nach Inkrafttreten der gesetzlichen Neuregelung deutlich.

Das Gesetz enthält eine Öffnungsklausel, die es den Tarifparteien erlaubt, innerhalb von sechs Monaten nach dessen Verabschiedung abweichende Regelungen für ihre Branche zu vereinbaren.

Auf dieser Basis schlossen *IG Metall* und Arbeitgeber*innen eine Tarifvereinbarung, die statt der gesetzlich festgelegten Überlassungshöchstdauer von 18 Monaten eine Höchstdauer von 48 Monaten vorsieht. Bei konkreten Sachgründen kann die Verleihdauer sogar diese vier Jahre überschreiten. Leiharbeitnehmer*innen können so weitaus länger an denselben

Betrieb verliehen werden. Voraussetzung für diese Ausweitung der Höchstverleihdauer ist eine Betriebsvereinbarung zwischen Unternehmen und Betriebsrat, mit der die Leiharbeit im Betrieb geregelt wird. Die *IG Metall* begründet ihre Vorgehen damit, dass es sich bei solchen Vereinbarungen um ein Geben und Nehmen handle und die Betriebsräte als Gegenleistung für eine 48-monatige Überlassungsdauer andere Vorteile für Leiharbeiter*innen verlangen könnten.

Bei den Betroffenen stieß diese Argumentation auf wenig Zustimmung. Zoom, das Netzwerk der *IG Metall* für Leiharbeiter*innen, kritisierte die Tarifvereinbarung scharf: »Kein Wort zu gleichem Geld für gleiche Arbeit ab dem ersten Einsatztag! Kein Wort zur Beteiligung von Kolleginnen und Kollegen in Leiharbeit an der Entscheidungsfindung von Betriebsräten in den Entleihbetrieben.«

Nicht nur die Leiharbeitnehmer*innen, auch viele Betriebsräte fühlen sich mit dem Problem der Leiharbeit von ihrer Gewerkschaft im Stich gelassen. Auf sie wird die konkrete Ausgestaltung der Arbeitsbedingungen in der Arbeitnehmer*innenüberlassung abgewälzt – obwohl sie im Gegensatz zu den Gewerkschaften nur sehr beschränkte Möglichkeiten haben, sich gegenüber dem Arbeitgeber durchzusetzen. Zum Streik aufrufen, um ihren Forderungen Nachdruck zu verleihen, dürfen beispielsweise nur Gewerkschaften, nicht Betriebsräte. Zugleich sind Betriebsräte stärker dem Druck der Arbeitgeber*innen ausgesetzt. Droht das Unternehmen mit Standortverlagerungen oder Arbeitsplatzabbau, sind Arbeitnehmer*innenvertretungen nachvollziehbarerweise erpressbar. Die meisten Betriebsräte haben zudem vor allem die Interessen der Stammbeschäftigten – die sie ja auch gewählt haben – und deren Arbeitsplatzsicherheit im Sinn; die Leiharbeitnehmer*innen sind beim von den Gewerkschaften gepriesenen ›Geben und Nehmen‹ daher schnell die Leidtragenden.

Die Vereinbarung der *IG Metall* zeigt einmal mehr die ambivalente Rolle der Gewerkschaften in der Leiharbeit. Lange Zeit lehnten der *DGB* und seine Mitgliedsgewerkschaften die Leiharbeit ab. So enthielt das Grundsatzprogramm des *DGB* seit 1981 die Forderung nach einem generellen Verbot der Leiharbeit. Erst 1996 wurde dieser Passus gestrichen. Inzwischen hatten die Gewerkschaften stattdessen die Leiharbeit zum arbeitsmarktpolitischen Instrument erklärt, mit dem Langzeitarbeitslose wieder in den Arbeitsmarkt integriert werden sollten – und nahmen dabei selbst eine Vorreiterrolle ein. So beteiligte sich der *DGB* bereits 1995 an der Gründung der Zeitarbeitsfirma *Start GmbH*, der schnell weitere Beteiligungen folgten.

Als die rot-grüne Bundesregierung die Kommission für moderne Dienstleistung am Arbeitsmarkt, die später als Hartz-Kommission bekannt wurde, ins Leben rief, entwickelte diese unter Beteiligung von Vertreter*innen der Gewerkschaften ein neues Modell für die Arbeitnehmer*innenüberlassung, in dem der gesetzlich deregulierten Leiharbeit als flexibler Beschäftigungsform eine zentrale Rolle beim Abbau der Arbeitslosigkeit zukommen sollte. Die schließlich erfolgte gesetzliche Neuregelung der Leiharbeit beinhaltete dann die Abschaffung bestehender Einschränkungen und ermöglichte so den heutigen Boom der Leiharbeitsbranche.

Das damals verabschiedete *Arbeitnehmerüberlassungsgesetz* enthält jedoch einen Gleichbehandlungsgrundsatz, laut dem für Leiharbeitsbeschäftigte dieselben Entlohnungs- und Arbeitsbedingungen wie für vergleichbare Stammarbeitskräfte gelten sollen. Auch hier ermöglichen allerdings tarifliche Vereinbarungen eine Aushebelung des Gleichbehandlungsprinzips.

Durchaus verständlich also, dass die Arbeitgeber*innen in der Leiharbeitsbranche – die tarifliche Regelungen bisher weitgehend ablehnten – nach der Neufassung des Gesetzes plötzlich auf den Abschluss von Tarifverträgen drängten, um so den Gleichheitsgrundsatz zu umgehen. Die Gewerkschaften des *DGB* hingegen hofften, die Leiharbeit flächendeckend tariflich einhegen zu können und damit auch neue Mitglieder zu gewinnen. Unter Federführung des *DGB* bildeten die Mitgliedsgewerkschaften daher eine Tarifgemeinschaft und erklärten sich zu Verhandlungen bereit.

Dabei kamen ihnen jedoch die arbeitgeber*innennahen christlichen Gewerkschaften zuvor. Diese schlossen, obwohl sie kaum Mitglieder vertraten, einen Tarifvertrag mit äußerst niedrigen Löhnen. Um den christlichen Gewerkschaften nicht das Feld zu überlassen, vereinbarten die *DGB*-Gewerkschaften noch 2003 einen Flächentarifvertrag für die Leiharbeitsbranche. Er beinhaltete in der Eingangstufe einen Stundenlohn von 6,85 Euro, in der höchsten Stufe von 15,43 Euro. Für Leiharbeitnehmer*innen in Ostdeutschland wurde dabei ein Abschlag von 13,5 Prozent vereinbart. Die Auswirkungen des Abschlusses, der vom *DGB* als »großer Erfolg« gefeiert wurde, waren für viele Leiharbeitnehmer*innen gravierend. Nicht nur wurden damit Armutslöhne per Tarifvertrag festgeschrieben und der Gleichbehandlungsgrundsatz ausgehebelt, sondern insbesondere Beschäftigte aus bereits tarifgebundenen Leiharbeitsfirmen mussten im Zuge der Anpassung ihrer Hausverträge an die neuen Tarife Einbußen akzeptieren.

Bereits damals gab es in den Gewerkschaften und bei organisierten Leiharbeitnehmer*innen zahlreiche kritische Stimmen, die sich gegen die Tarifvereinbarung aussprachen und stattdessen auf den Gleichheitsgrundsatz pochten. Der *DGB* hielt den Kritiker*innen entgegen, dass ohne einen eigenen Tarifvertrag die Vereinbarung zwischen den christlichen Gewerkschaften und den Arbeitgeber*innen für alle Beschäftigten gelten würde.

Inzwischen hat sich die Situation jedoch deutlich verändert. 2011 wurde der *Tarifgemeinschaft Christlicher Gewerkschaften für Zeitarbeit und Personal-Service-Agenturen* die Tariffähigkeit aberkannt. Die von ihr verhandelten Vereinbarungen wurden für unwirksam erklärt und die christlichen Gewerkschaften beschlossen daraufhin, ihr Engagement im Leiharbeitsbereich zu beenden. Der Weg wäre damit frei gewesen, dem Gleichheitsgrundsatz Geltung zu verschaffen.

Die *DGB*-Tarifgemeinschaft hatte in den vergangenen Jahren auch mehrmals die Möglichkeit, den Tarifvertrag zu kündigen. Er wurde jedoch jedes Mal, zuletzt 2016/17, erneuert.

Statt auf ein Verbot der Leiharbeit setzen die Gewerkschaften also vor allem auf die tarifvertragliche Regelung der Arbeitnehmer*innenüberlassung. Nicht wenige werfen ihnen deshalb ›Arbeiterverrat‹ oder zumindest eine Ignoranz gegenüber den Ängsten und Nöten der betroffenen Leiharbeitnehmer*innen vor. Diese Kritik greift jedoch zu kurz. Vielmehr scheinen die Gewerkschaften die Spaltung in Leiharbeitsbeschäftigte und Stammbeschäftigte bereits akzeptiert zu haben und entsprechend abzuwägen.

Denn die viel gerühmte Wettbewerbsfähigkeit der deutschen Industrie in der Weltmarktkonkurrenz fußt auch auf dem billigen und flexiblen Einsatz von Leiharbeit. Im möglichen Verlust dieses Wettbewerbsvorteils sehen viele Beobachter*innen nicht nur ein Risiko für die Konkurrenzfähigkeit der deutschen Exportindustrie, sondern auch für die Arbeitsplätze der dort traditionell gut organisierten Stammbelegschaften. Es ist daher wenig erstaunlich, dass viele in den Gewerkschaften zwar auf eine gewisse tarifliche und gesetzliche Regulierung der Arbeitnehmerüberlassung drängen, um so den Druck auf die Stammbeschäftigten zu mindern, den Wettbewerbsvorteil der Leiharbeit aber erhalten möchten.

Dass es auch anders geht zeigt der im Schlusskapitel beschriebene gemeinsame Kampf von Leiharbeitnehmer*innen und Stammbelegschaft gegen Leiharbeit im *Daimler*-Werk Bremen.

Mit zahlreichen Aktionen bis hin zu ›wilden Streiks‹ wird dort nicht nur gegen die immer weitere Ausweitung der Leiharbeit gekämpft, sondern auch der Umgang der Gewerkschaften mit der Arbeitnehmer*innenüberlassung kritisiert.

3. Mindestlohn – Erfolgsgeschichte oder gescheiterte Hoffnung?

Seit 1. Januar 2015 gilt in Deutschland ein allgemeiner gesetzlicher Mindestlohn. Lag er bei seiner Einführung noch bei 8,50 Euro die Stunde, sind es heute 8,84 Euro. Notwendig wurde die Lohnuntergrenze durch die neoliberale Deregulierung des Arbeitsmarktes im Zuge der *Agenda 2010* und dem daraus folgenden Anwachsen des Niedriglohnsektors. Als der Mindestlohn im Bundestag verabschiedet wurde, konnte man den Eindruck gewinnen, alle sozialen Probleme seien damit gelöst. Es handle sich um einen »Meilenstein in der Arbeits- und Sozialpolitik«, so etwa Andrea Nahles, damalige Bundesministerin für Arbeit und Soziales. Im Parlament war unter anderem die Rede von »einer der größten Sozialreformen in der Geschichte der Bundesrepublik« und einer »historischen Stunde«. Inzwischen ist der Mindestlohn für die Gewerkschaften »eine Erfolgsgeschichte« und für Bundeskanzlerin Angela Merkel »ein großer Fortschritt«.

Die gesetzliche Lohnuntergrenze soll vor allem die Armut trotz Arbeit – die gerade viele prekär Beschäftigte trifft – eindämmen, und tatsächlich profitierten viele Menschen von deren Einführung. Etwa 4 Millionen Beschäftigte haben Anspruch auf den Mindestlohn. Alleine im Osten Deutschlands stiegen die Löhne dank der Lohnuntergrenze im ersten Jahr der Einführung um fast acht Prozent. Für die Bundesregierung, ebenso wie für die Gewerkschaften, ist das Fazit drei Jahre nach der Einführung deshalb klar: Der Mindestlohn wirkt!

Ein genauerer Blick zeigt jedoch, dass der Mindestlohn für viele prekär Beschäftigte oft wirkungslos bleibt. So hat sich die Zahl der sogenannten Aufstocker*innen, also derjenigen, die trotz Erwerbstätigkeit Leistungen nach dem ALG II beziehen müssen, nur geringfügig verändert. Erhielten 2013 noch etwa 1,3 Millionen Menschen Leistungen nach dem ALG II und waren parallel erwerbstätig, sind es heute knapp 1,2 Millionen. Auch an der Einkommensungleichheit hat der Mindestlohn nichts geändert. Der sogenannte Gini-Koeffizient ist der international gängigste Maßstab für Ungleichheiten. Mit ihm lassen sich Ungleichverteilungen jeglicher Art mit einem Wert zwischen 0 und 1 darstellen, so auch die Einkommensverteilung. Beträgt er null, sind alle Einkommen völlig gleich. Erreicht er 1, ist die Ungleichheit maximal und eine Person erhält das gesamte Einkommen eines Landes, während alle anderen leer ausgehen. Vor dem Inkrafttreten des Mindestlohns ermittelte das *Statistische Bundesamt* für Deutschland einen Gini-Koeffizienten von 0,29. Nach drei Jahren Mindestlohn liegt der Wert immer noch bei 0,29.

Nicht selten wurde der Mindestlohn auch als Rezept gegen Armut propagiert. Galten jedoch vor Einführung des Mindestlohns 15,4 Prozent der Menschen in Deutschland als armutsgefährdet, sind es heute 15,7 Prozent. Zudem ist die gesetzliche Lohnuntergrenze nicht ausreichend, um Altersarmut vorzubeugen. Wie die Bundesregierung 2016 auf die Anfrage der Partei *Die Linke* mitteilte, benötigt man – bei 45 Beitragsjahren, die nur die wenigsten erreichen – für eine Rente oberhalb der Grundsicherung einen Stundenlohn von mindestens 11,68 Euro. Durch den Mindestlohn haben sich also zwar die Lohnbedingungen zahlreicher Menschen verbessert – einen Umstand, den man nicht gering schätzen sollte und angesichts dessen es sich auch lohnt, ihn gegen die Angriffe von Unternehmensverbänden und wirtschaftsnahen Lobbyverbände zu verteidigen –, als Mittel zur Bekämpfung von Armut oder gar zur Zurückdrängung prekärer Beschäftigungsverhältnisse eignet sich die gesetzliche Lohnuntergrenze jedoch nicht.

Gerade für viele prekär Beschäftigte entfaltet der Mindestlohn nur wenig Wirkung. Eine der Ursachen ist, dass er aufgrund der zahlreichen Ausnahmen im Mindestlohngesetz für viele Betroffene gar nicht gilt. So ist die wachsende Zahl prekärer SoloSelbstständiger von der Lohnuntergrenze ausgenommen. Sie sind keine Arbeitnehmer*innen und fallen daher auch nicht unter das Mindestlohngesetz. Ebenso außen vor bleiben Auszubildende und Arbeitnehmer*innen unter 18 Jahren. In machen Bereichen wurden schon vor Einführung des Mindestlohnes Auszubildende als billige Arbeitskräfte eingesetzt, anstatt sie auszubilden. Durch die Ausnahme vom Mindestlohn ist dies nun noch rentabler. Auch Auszubildende müssen teils ihre Ausbildungsvergütung mit Hartz IV aufstocken, zum Beispiel in Teilen des Friseurhandwerks. Durch die Ausnahme für Minderjährige erweitert man zudem die Möglichkeiten der Arbeitgeber*innen, den Mindestlohn durch Tricks zu umgehen. Praktikant*innen muss teilweise ebenfalls nicht der Mindestlohn bezahlt werden und auch Langzeitarbeitslose sind in den ersten sechs Monaten ihrer Anstellung von der Lohnuntergrenze ausgenommen. Hinzu kommen Ausnahmen für bestimmte Berufsgruppen. So dürfen bei Saisonarbeiter*innen, zum Beispiel im landwirtschaftlichen Sektor oder der Hotel- und Gaststättenbranche, Essen und Unterkunft mit dem Mindestlohn verrechnet werden.

Noch fataler als die zahlreichen im Mindestlohngesetz geregelten Ausnahmen wirkt jedoch der Umstand, dass auch vielen Berechtigten der Mindestlohn vorenthalten wird. Eine Untersuchung des *Wirtschafts- und Sozialwissenschaftlichen Instituts der Hans-Böckler-Stiftung* zeigt, dass rund 2,7 Millionen Beschäftigte in Deutschland weniger als den Mindestlohn bekommen, obwohl er ihnen zusteht. Vielen, die also einen Anspruch auf den Mindestlohn hätten, wird er vorenthalten.

In manchen Branchen gehören Verstöße gegen das Mindestlohngesetz geradezu zum Alltag.

So erhalten rund 43 Prozent der Beschäftigten in privaten Haushalten nicht den ihnen zustehenden Mindestlohn. Im Hotel- und Gaststättengewerbe sind es 38 Prozent, im Einzelhandel 20 Prozent und auch in der Nahrungsmittelindustrie wird 17 Prozent der Arbeitnehmer*innen der Mindestlohn vorenthalten. Besonders häufig wird die Lohnuntergrenze in Betrieben umgangen, die weder einen Tarifvertrag noch einen Betriebsrat haben. Während bei Betrieben mit Arbeitnehmer*inneninteressenvertretungen 3,2 Prozent der Beschäftigten der Mindestlohn vorenthalten wird, sind es bei Betrieben ohne Betriebsrat 18,6 Prozent. Gerade in Bereichen, in denen viele prekär Beschäftigte tätig und der Mindestlohn besonders notwendig ist, wird er also häufig nicht gezahlt.

Geht es um die Umgehung des Mindestlohns sind der viel gerühmten unternehmerischen Kreativität keine Grenzen gesetzt. Dabei nutzen Unternehmen unter anderem die Vorgaben des Mindestlohngesetzes zu ihren Gunsten. So wurden beispielsweise erwachsene Zeitungs- und Werbeausträger*innen – die seit dem 01. Januar 2018 unter das Mindestlohngesetz fallen – aufgefordert, den Auftrag auf minderjährige Angehörige umzuschreiben, um so die Lohnuntergrenze zu umgehen.

Vor allem bei der Dokumentation der Arbeitszeiten gibt es vielfältige Manipulationsmöglichkeiten.

So müssen Paketzustelldienste oder Transportunternehmen nicht den Beginn und das Ende der Arbeitszeit ihrer Beschäftigten, sondern nur die Dauer des Arbeitseinsatzes dokumentieren. Die Umgehung der Lohnuntergrenze wird ihnen so leicht gemacht. Taxi- oder Transportunternehmen umgehen außerdem den Mindestlohn, indem sie die Standzeiten von Auto und Fahrer*innen einfach nicht anerkennen und dann auch nicht bezahlen. Nicht selten zahlen Arbeitgeber*innen auch nur für einen Teil der Arbeitszeit den Mindestlohn, während der Rest als unbezahlte Überstunden geleistet wird. Andere kürzen die Zeitvorgaben. Zusteller*innen bekommen so beispielsweise die Vorgabe, einen Bezirk in vier Stunden abzudecken, brauchen dafür aber tatsächlich doppelt so lange und erhalten damit nur die Hälfte des gesetzlich verankerten Lohns. Häufig wird der Mindestlohn zudem umgangen, indem andere Leistungen angerechnet werden, zum Beispiel bezahlter Urlaub, Einkaufsgutscheine oder Essen und Trinken. Gerade prekär Beschäftigte können sich gegen den weit verbreiteten Mindestlohnbetrug nur selten wehren.

Die Hoffnungen, der Armut trotz Arbeit Einhalt zu gebieten, kann der Mindestlohn für viele prekär Beschäftigte also nicht erfüllen. Während die einen bereits im Vorhinein vom Mindestlohn ausgeschlossen werden, wird er denjenigen, die Anspruch auf ihn hätten, sehr häufig vorenthalten.

4. It starts with resistance – Ansätze des Widerstands

Der in den vergangenen Jahren kontinuierlich gewachsene prekäre Sektor ist für Unternehmen nicht nur aufgrund der niedrigen Löhne attraktiv. Den prekär Beschäftigten werden zudem oftmals grundlegende Arbeitnehmer*innenrechte vorenthalten, ohne dass sie die Möglichkeit haben, sich dagegen zur Wehr zu setzen. Auch deshalb, weil es ihnen schwerfällt, sich mit anderen Betroffenen auszutauschen und Gegenwehr zu organisieren.

Leiharbeitnehmer*innen beispielsweise werden von einem Betrieb zum anderen verliehen und sind durch ihren unsicheren rechtlichen Status in einem noch ausgeprägteren Abhängigkeitsverhältnis als die Stammbelegschaft. Sich unter diesen Bedingungen zusammenzuschließen, fällt schwer. Die wachsende Gruppe der Scheinselbstständigen unterliegt nicht nur keinerlei arbeitsrechtlichen Regelungen, sie steht noch dazu in direkter Konkurrenz mit ihren Mitbewerber*innen und kann nur begrenzt auf klassische Arbeitskampfmethoden wie Streiks zurückgreifen. Gerade im Bereich des crowdworking erschwert außerdem nicht zuletzt das isolierte Arbeiten vor dem heimischen PC die Möglichkeit, sich mit anderen Betroffen zusammenzuschließen.

All diesen Widrigkeiten zum Trotz regt sich jedoch auch Widerstand gegen die neue prekäre Arbeitswelt. Galten weite Teile des Niedriglohnsektors aus gewerkschaftlicher Perspektive lange Zeit als ›unorganisierbar‹, schließen sich inzwischen immer öfter Prekarisierte zusammen und treten gemeinsam für eine Verbesserung ihrer Arbeits- und Lohnbedingungen ein.

So beispielsweise im Bereich der mobilen Beschäftigung, in der aufgrund der unsicheren Rechtssituation der Betroffenen und der oftmals vorhandenen Sprachbarriere gewerkschaftliche Organisierung vor besonderen Herausforderungen steht. Großes Aufsehen erregte in den vergangenen Jahren der von der Basisgewerkschaft *FAU* unterstütze Kampf der rumänischen

Bauarbeiter des Einkaufszentrums *Mall of Berlin* in der Bundeshauptstadt.

Für den Bau des im Herbst 2014 eröffneten Vorzeigeprojekts wurden mittels diverser Subunternehmen Hunderte Arbeiter*innen aus Rumänien zu Dumpinglöhnen von sechs Euro die Stunde angeworben. Schriftliche Arbeitsverträge wurden ihnen oft vorenthalten und die Unterbringung erfolgte zu vollkommen überteuerten Preisen. Nach Ende der Bauarbeiten sollten die Betroffenen selbst um den vereinbarten kargen Lohn betrogen werden. Ein Vorgehen, das auf deutschen Baustellen zum Alltag gehört; mit dem Unterschied, dass sich die Betroffenen diesmal zur Wehr setzten. Acht der rumänischen Bauarbeiter schlossen sich in Berlin der *FAU* an, um die ausstehenden Löhne einzuklagen und trugen den Kampf unter dem Titel *Mall of Shame* in die Öffentlichkeit. In der Vorweihnachtszeit 2014 machten die Betroffenen und ihre Unterstützer*innen mit täglichen Kundgebungen und Demonstrationen vor dem neu errichteten Einkaufszentrum von sich reden. Nach einer Demonstration mit mehr als 300 Teilnehmer*innen wurde bundesweit über die *Mall of Shame* berichtet. Auch danach hielten die Proteste und damit auch die Medienöffentlichkeit an. Petitionen wurden gestartet, Konzerte organisiert und immer wieder sowohl vor dem Einkaufszentrum als auch den für den Bau verantwortlichen Firmen protestiert. Mehrmals war der Protest und seine Forderungen Thema im Berliner Senat und auch Gegenstand von parlamentarischen Anfragen an die deutsche Bundesregierung. Die Vorgänge in Berlin wurden so zum bundesweiten Symbol für die Ausbeutung migrantischer Beschäftigter aus dem EU-Ausland.

Auch juristisch kämpften die Bauarbeiter für die Auszahlung ihrer Löhne. Zunächst machen sie diese gegenüber den verantwortlichen Subunternehmen *Metatec-Fundus GmbH & Co. KG* und *openmallmaster GmbH* und gegen die *Fettchenhauer Controlling und Logistic GmbH*, das Generalunternehmen des Einkaufszentrums, geltend.

In mehreren Arbeitsgerichtsprozessen bekamen die Betroffenen immer wieder recht. Die Unternehmen verweigerten sich jedoch allesamt durch den Gang in die Insolvenz der Zahlung oder tauchten wie openmallmaster vollkommen ab. Die Briefkastenfirma war für die Kläger wie auch die Gerichte irgendwann einfach gar nicht mehr kontaktierbar. Inzwischen versuchen die Betroffenen ihren Lohn gegenüber der *HGHI Leipziger Platz GmbH & Co. KG*, Bauherr der *Mall of Berlin*, geltend zu machen. Seit beinahe vier Jahren dauert der Kampf der Bauarbeiter nun an. Dabei ist es ihnen gelungen, die Situation migrantischer Arbeitskräfte auf dem Bau in den Blickpunkt der Öffentlichkeit zu rücken. »Ich hatte zwei Ziele, als wir mit den Protesten begonnen haben: Erstens wollte ich um unsere Würde kämpfen, zweitens um das Geld. Ersteres haben wir schon geschafft«, so einer der Betroffenen in einer Stellungnahme anlässlich der Proteste.

Während sich kleine, aber umtriebige Basisgewerkschaften wie die *FAU* schon seit Langem dem gemeinsamen Kampf von Prekarisierten verschrieben haben, gelang es den Gewerkschaften des *DGB* lange Zeit nicht, Konzepte zur Organisierung prekär Beschäftigter zu entwickeln. Stattdessen setzten sie bei der Regulierung des Niedriglohnsektors auf sozialpartnerschaftliche Modelle und ein Eingreifen des Staates mittels Gesetzgebung. Trotz der Erfahrungen aus der Agenda-Politik und dem seit Jahren stattfinden neoliberalen Umbau des Arbeitsmarktes durch die Bundesregierungen verschiedenster Couleur gilt der Staat in weiten Teilen der Gewerkschaftsbewegung noch immer als wichtigster Bündnispartner im Ringen um bessere Arbeits- und Lebensbedingungen für abhängig Beschäftigte.

Doch auch in den *DGB*-Gewerkschaften fand in den letzten Jahren ein Umdenken statt. Zu offensichtlich ist angesichts des rasanten Anstiegs prekärer Beschäftigungsverhältnisse das Scheitern der bisherigen Strategie der sozialpartnerschaftlichen und staatlichen Regulierung.

Mit ihrem Projekt *Faire Mobilität* unterstützen die Gewerkschaften beispielsweise Wanderarbeiter*innen bei der Durchsetzung ihrer Rechte, bieten arbeits- und sozialrechtliche Beratung an und unterstützen Betroffene juristisch. In der Fleischbranche gelang es der zuständigen Gewerkschaft *NGG* in Zusammenarbeit mit *Faire Mobilität* nicht nur, Wanderarbeiter*innen, die um ihren Lohn geprellt wurden, zu organisieren und die Auszahlung ausstehender Löhne durchzusetzen, es gelang ihr auch, die Lohnbedingungen insgesamt zu verbessern. So konnte die *NGG* 2014 einen Branchenmindestlohn durchsetzen und zudem dessen Allgemeinverbindlichkeit im Entsendegesetz verankern. Er gilt damit auch für die Werkvertragsnehmer*innen, die bisher zu den Mindestlöhnen in ihren Herkunftsländern eingesetzt wurden. Teilweise gelingt es Beschäftigten und Gewerkschaften, in einzelnen Unternehmen auch prekäre Beschäftigung zurückzudrängen. So beispielsweise bei der Gastronomie-Tochter der Messe Berlin, *Capital Catering.* Etwa 1.000 Mitarbeiter*innen wurden dort auf Abruf beschäftigt. Sie hatten nicht nur keinen festen Verdienst, sondern waren auch nicht durchgehend krankenversichert. Der *NGG* gelang es gemeinsam mit dem Betriebsrat durchzusetzen, dass den Betroffenen feste Arbeitsverträge angeboten wurden.

Widerstand regt sich zunehmend auch unter den digitalen Tagelöhner*innen der Plattform-Ökonomie. Obwohl den zumeist Selbstständigen die gemeinsame Interessendurchsetzung besonders schwerfällt, versuchen auch dort Betroffene durch gemeinsames Handeln ihre Arbeits- und Lohnverhältnisse zu verbessern. Dabei können sie aufgrund ihres arbeitsrechtlichen Status als Selbstständige oftmals nicht auf bekannte gewerkschaftliche Mittel zurückgreifen. So müssen neue Möglichkeiten gefunden werden, ihre Forderungen durchzusetzen. Wie diese aussehen könnten, ist eine Frage, die auch die Gewerkschaften umtreibt. So hat sich die Dienstleistungsgewerkschaft *ver.di* bereits seit ihrer Gründung 2001 die Organisierung von Freiberufler*innen und Selbstständigen auf die Fahnen geschrieben und bietet Beratungen in Steuer- und Honorarfragen, aber auch Rechtsschutz bei Vertragsstreitigkeiten an. Auch die *IG Metall* öffnete sich 2015 für Selbstständige und richtete spezielle

Beratungs- und Betreuungsangebote für crowdworker*innen ein. Mit *faircrowdworker.de* hat sie zudem ein Portal gestartet, auf dem crowdworker*innen die Bedingungen der verschiedenen Internetplattformen bewerten können, und knüpft damit an die Erfahrungen anderer Foren an, in denen sich die Netzarbeiter*innen über ihre Arbeitsbedingungen austauschen. Inzwischen haben sich für alle großen digitalen Marktplätze Schattenportale entwickelt, in denen sich Klickarbeiter*innen zunächst vor allem über Fragen des Arbeitsalltags unterhielten und sich gegenseitig Tipps gaben, wie bestimmte Aufgaben am schnellsten zu lösen sind oder was man tun kann, wenn bestimmte Programme nicht funktionieren. Schnell wurden die Foren jedoch zur Keimzelle des Widerstand gegen die Arbeitsbedingungen in der Crowd. Eines der bekanntesten Beispiele ist das Portal *Turknation.com*, auf dem sich die Auftragnehmer*innen der Microtasking-Plattform *Amazon Mechanical Turk* austauschen. Neben Tipps zu Erledigung der angebotenen Arbeitsaufträge werden auch Aktionen zur Durchsetzung besserer Arbeitsbedingungen geplant. Seien es Petitionen, Proteste oder Massenemails an *Amazon*-Boss Jeff Bezos. So musste *Amazon* bereits an verschiedenen Stellen die Nutzungsbedingungen seiner crowdworking-Plattform nachbessern, um Auftragnehmer*innen nicht an andere Auftraggeber*innen zu verlieren.

Auch andernorts zeigen die Proteste erste Erfolge. So mussten acht der größten deutschen Plattformbetreiber, mit mehr als zwei Millionen registrierten Nutzer*innen, auf Druck der IG Metall inzwischen in einem »Code of Conduct« zum ersten Mal gewisse Mindeststandards festlegen. Die Vereinbarung ist weltweit einzigartig und wurde im November 2017 durch eine Ombudsstelle ergänzt. Die Schiedsstelle, die paritätisch mit Vertreter*innen der IG Metall und crowdworker*innen auf der einen und Vertreter*innen der Plattformen auf der anderen Seite besetzt ist, soll bei Streitigkeiten um Bezahlung, Arbeitsabläufe o.ä. Entscheidungen fällen. Bei ihren Konzepten, crowdworker*innen zu organisieren, setzt die *IG Metall* auf eine möglichst enge Zusammenarbeit mit den Betroffenen und hat daher auch ihr Angebot entsprechend den Bedürfnissen der Klickarbeiter*innen ausgebaut. So bietet sie Organisierten nicht nur Beratungen in Sozialrecht, sondern auch in Urheber-, Marken- und Patentrecht an.

Dass der Kampf für bessere Arbeitsbedingungen auch im digitalen Zeitalter erfolgreich seien kann, zeigt die medial vielbeachtete Auseinandersetzung der Fahrradkurier*innen von *Deliveroo* und *Foodora*. Den teils selbstständigen, teils teilzeitbeschäftigten Fahrer*innen gelang es, sich trotz aller Widrigkeiten zu organisieren. Dazu nutzen sie nicht zuletzt die digitalen Techniken, die sie für ihre Arbeit verwenden. In Berlin gründeten die Fahrer*innen, die eigentlich vollkommen isoliert von einander arbeiten, irgendwann eine *Whats-App*-Gruppe, um sich über ihre Arbeit auszutauschen. Schnell waren auch die schlechten Lohn- und Arbeitsbedingungen bei den Liefer-Plattformen Thema und auch die Information, dass sich in Italien und Großbritannien die Kurier*innen mit Arbeitskämpfen dagegen wehren. So stoppten im August 2016 in London 200 Kurier*innen die Auslieferung, um bessere Arbeitsbedingungen und Bezahlung durchzusetzen. Inspiriert von den Aktionen ihrer Kolleg*innen begannen Fahrer*innen von *Foodora* und *Deliveroo*, unterstützt von der Basisgewerkschaft *FAU*, sich ebenfalls zusammenzuschließen und an der internationalen Kampagne *Deliverunion* zu beteiligen, mit der Kurierfahrer*innen aus verschiedenen Ländern für ihre Rechte kämpfen. Dabei gelang es ihnen, die Interessen von selbstständigen und angestellten Fahrer*innen unter einen Hut zu bringen. So fordern die Kurier*innen einen Euro mehr in der Stunde für die angestellten Fahrer*innen und einen Euro mehr pro Lieferung für die Selbstständigen, außerdem die Übernahme aller Reparaturkosten an ihren Arbeitsmitteln, eine garantierte Mindeststundenzahl und größere Transparenz bei der Erfassung der Arbeitszeit. Durch medienwirksame öffentlich Aktionen wie Fahrraddemos oder das Abladen von Fahrradschrott vor den Berliner Firmenzentralen von *Foodora* und *Deliveroo* brachten sie die Liefer-Plattformen in Bedrängnis. Um weiteren Imageschaden abzuwehren, waren die Kurierdienste in den vergangenen Monaten zu ersten Zugeständnissen bereit. Foodora bezuschusst inzwischen die Reparaturen der Fahrräder ihrer Kurier*innen. Zudem sah sich der Lieferdienst zu ersten Verhandlungen mit der *FAU* und den organisierten Fahrer*innen gezwungen. Nach der zweiten Verhandlungsrunde scheiterten die Gespräche Ende 2017 zwar vorerst, die Betroffenen gehen dennoch gestärkt aus den Verhandlungen, war der Konzern doch erstmals gezwungen, sich ihre Forderungen auf Augenhöhe anzuhören. »Wir haben uns während der Verhandlungen mit Protesten und gewerkschaftlichen Maßnahmen zurückgehalten – daran fühlen wir uns jetzt nicht mehr gebunden«, heißt es in einer Stellungnahme der Fahrer*innen zum Abbruch der Verhandlungen. Bereits kurz danach intensivierten sie ihren Protest und organisierten im Januar 2018 einen Aktionstag, bei dem sie erneut Fahrradschrott vor der Firmenzentrale von *Foodora* abluden. Auch zu Arbeitsniederlegungen und dem damit verbundenen Ausfall von Lieferungen sind inzwischen immer mehr Betroffene bereit.

Widerstand gegen die prekären Arbeits- und Lohnbedingungen bei den Fahrradkurierdiensten regt sich jedoch nicht nur in Berlin. In Köln schlossen sich unter dem Motto ›Liefern am Limit‹ Betroffene zusammen und setzten mit Hilfe der *NGG* sowohl bei *Foodora* als auch bei *Deliveroo* die Gründung von Betriebsräten durch. Offiziell bekundeten die Plattformen zwar, der Gründung von Interessenvertretungen keine Steine in den Weg zu legen, tatsächlich versuchen die Konzerne jedoch, die Initiative mit allen Mitteln im Keim zu ersticken. So reduzierte *Deliveroo* im Vorfeld massiv die Zahl der zur Wahl berechtigten Mitarbeiter*innen. Standen im Dezember 2017 auf der Mitarbeiter*innenliste noch 103 Beschäftigte, die zur Wahl des Betriebsrats berechtigt gewesen wären, waren es im Februar 2018, kurz vor der Wahl, nur noch 35. »Nachdem wir *Deliveroo* bekannt gegeben hatten, dass der Betriebsrat gegründet werden soll, ergriff das Unternehmen die Strategie, alle befristeten Arbeitsverträge nicht mehr zu verlängern«, so *Deliveroo*-Betriebsrat Orry Mittenmayer gegenüber der Wochenzeitung *Jungle World*.

Sowohl bei *Foodora* als auch bei *Deliveroo* wurden zudem die befristeten Verträge der Betriebsratsmitglieder nicht verlängert. Inzwischen klagen sie mit Hilfe der *NGG* auf die Entfristung ihrer Arbeitsverträge und wollen mit ihrer Kampagne Liefern am Limit den Kampf gegen die prekären Bedingungen in der Gig-Economy auch in Zukunft fortsetzen.

Ihr Beispiel ist eines von vielen und zeigt, dass die Initiative zur Organisierung prekär Beschäftigter inzwischen nicht mehr nur von Basisgewerkschaften wie der *FAU* ausgeht. Auch die Gewerkschaften des *DGB*, die lange Zeit zuvorderst auf staatliche Regulierung prekärer Beschäftigung statt auf die Organisierung der Betroffenen zur gemeinsamen Durchsetzung ihrer Rechte setzten, verstärkten in den letzten Jahren ihre Bemühungen im Niedriglohnsektor.

Jedoch nicht überall und in allen Bereichen. Gerade in der Leiharbeit nehmen die Gewerkschaften, wie schon beschrieben, eine ambivalente Rolle ein. So drängen sie zwar auf eine tarifliche und gesetzliche Regulierung der Arbeitnehmerüberlassung, gemeinsame Kämpfe von Stammbelegschaften und Leiharbeitnehmer*innen zur Abschaffung der Leiharbeit können jedoch nicht immer mit ihrer Unterstützung rechnen, wie unter anderem das Beispiel der Bremer *Mercedes*-Arbeiter*innen zeigt.

Das *Daimler*-Werk in Bremen ist seit Langem bekannt für seine kämpferische Belegschaft, die nicht alles hinzunehmen bereit ist. Als 1996 der *Daimler*-Vorstand ankündigte, die Lohnfortzahlung im Krankheitsfalle zu kürzen, gehörten sie zu den Ersten, die auf der Straße waren – und nicht nur auf der Straße. Während die *IG-Metall*-Führung die Arbeitgeber*innenseite damals in einem ›Spitzengespräch‹ davon überzeugen wollte, von ihrer Forderung Abstand zu nehmen ‚setzte die Bremer *Daimler*-Belegschaft unter dem Motto »Lieber französische Verhältnisse als deutsche Spitzengespräche« auf den Streik und legte ohne Zutun der Verantwortlichen der *IG Metall* spontan die Arbeit nieder.

Auch in den darauffolgenden Jahren wehrten sich die renitenten Bremer*innen immer wieder gegen allerlei Sparpakete und Umbaupläne der Unternehmensführung zulasten der Beschäftigten. Keimzelle der Proteste ist damals wie heute ein Kreis engagierter linker Vertrauensleute und Betriebsräte. Nicht zuletzt wehren sich die *Mercedes*-Arbeiter*innen auch gegen den seit der rot-grünen Agenda-Politik stetig steigenden Anteil prekärer Beschäftigungsverhältnisse im Werk. Im Zuge der neoliberalen Umstrukturierung des Arbeitsmarktes wurden auch in Bremen immer mehr Aufgaben fremdvergeben und reguläre Beschäftigungsverhältnisse abgebaut. Inzwischen sind 20-25 Prozent der im Werk Beschäftigten Leiharbeitnehmer*innen, dazu kommen Werkverträge und Poolarbeiter*innen. Gerade in der Automobilindustrie ist dies inzwischen Alltag. Bei *BMW* in Leipzig, einer der modernsten Automobilfabriken Deutschlands, arbeiten insgesamt 8.800 Beschäftigte. 3.800 davon als Stammarbeiter*innen, 1.000 hingegen als Leiharbeiter*innen und 4.000 als Werkvertragsnehmer*innen. Mehr als die Hälfte der Beschäftigten gehören also nicht zur Stammbelegschaft des Werks.

Im Gegensatz zu manch anderen Betrieben ließen sich die *Mercedes*-Arbeiter*innen in Bremen jedoch nicht in unterschiedliche Beschäftigungsgruppen spalten, sondern nahmen, wie der langjährige ehemalige gewerkschaftliche Vertrauensmann und Betriebsrat im Bremer *Daimler*-Werk, Gerhard Kupfer, in seinem Buch *Streik und Menschenwürde. Der Kampf der Bremer Mercedes-Arbeiter gegen Leiharbeit und Werkverträge* beschreibt, den gemeinsamen Kampf gegen immer weiteres outsourcing und den Ausbau prekärer Arbeitsverhältnisse auf.

Immer wieder kam es zu Protesten gegen die Ausweitung der Leiharbeit. So zum Beispiel im Oktober 2012. Nachdem zuvor im Werk innerhalb weniger Stunden 5.000 Unterschriften gegen weitere Fremdvergaben gesammelt wurden, sah sich die örtliche *IG-Metall*-Führung unter Druck und organisierte eine Kundgebung auf dem Werksgelände. Diese verlief jedoch anders als geplant, wie Gerhard Kupfer in seinem Buch beschreibt:

»Statt des wie üblich nur kurzen Öffnens des Überdruckventils, ließen z.B. rund 1500 Arbeiter ordentlich Dampf ab. Eine der Kundgebungen fand vor der Montagehalle 93 statt. Nach einem nach wie vor artigem Frage- und Antwortspiel mit der Werkleitung, stieg eine junge Betriebsrätin der Linken auf einen Stuhl, setzte eine Zetsche-Maske auf und forderte die versammelten Kollegen auf, gefälligst wieder an die Arbeit zu gehen und den Aktionären nicht das Geschäft zu vermiesen. Gelächter. Bei der Werkleitung gequältes Lächeln. Nach dem Auftritt des ›Herrn Zetsche‹ sagte ein weiterer Betriebsrat unserer Gruppe einige Worte, um dann am Schluss eine Frage zur Abstimmung zu stellen: ›Wer der Meinung ist, dass die Luft vor dem Tor besser ist, möge bitte seinen Arm heben.‹ Die Abstimmung war überzeugend und während der Werkleitung das Lächeln im Gesicht gefroren war und einzelne Mitglieder der Vertrauenskörperleitung mit gesenkten Blick an der Lautsprecheranlage herumhantierten, zogen rund 1500 fröhliche Kollegen mit einer IG Metall-Fahne und dem schon berühmten Großtransparent vorweg nach draußen vor das Tor, in die viel, viel bessere und gesündere Luft.«

Etwas mehr als eine Stunde legten die Streikenden die Arbeit nieder. Das von Kupfer erwähnte Transparent mit der Aufschrift ›Stoppt Fremdvergabe und Leiharbeit – Wir sind eine Belegschaft‹, das auch die späteren Proteste und Streiks begleitete, wurde schnell zum Symbol des Kampfes der Bremer *Mercedes*-Arbeiter*innen.

Auch 2013 kam es immer wieder zu spontanen, sogenannten ›wilden‹ Streiks gegen den Ausbau der Leiharbeit im Werk. An vier kurzzeitigen Arbeitsniederlegungen beteiligten sich etwa 9.000 Beschäftigte. Im Winter 2014 eskalierte der Konflikt um Fremdvergaben endgültig. Die Rohbau-Logistik in den Hallen 7 und 70 mit ihren 143 Stammarbeitskräften sollte künftig fremdvergeben werden, noch dazu sollten mehrere teils langjährige Leiharbeitnehmer*innen gekündigt werden. Die Stimmung im Werk war geladen und nach einer Kundgebung der *IG Metall* mit 3.000 *Mercedes*-Arbeiter*innen legte der Großteil der Frühschicht für 2 ½ Stunden die Arbeit nieder. Inzwischen wuchs unter den Beschäftigten die Kritik sowohl an der örtlichen *IG-Metall*-Führung, aufgrund ihrer mangelnden Unterstützung der spontanen Streiks, als auch am Umgang der *IG Metall* mit dem Thema Leiharbeit generell. Statt einer Regulierung der Leiharbeit forderten immer mehr Beschäftigte, dass sich die *IG Metall* für ein Verbot der Arbeitnehmerüberlassung stark macht und dafür auch zum Streik aufruft. In seinem Buch beschreibt Kupfer ausführlich die Versuche der *IG Metall,* die immer wieder auftretenden Arbeitsniederlegungen einzuhegen. Nachdem aufgrund des Streiks der Frühschicht 75 Beteiligte vom Unternehmen abgemahnt wurden, wuchs – obwohl die Abmahnungen von der Werkleitung zurückgenommen wurden – der Unmut der Beschäftigten weiter. In der Nacht von 11. auf 12. Dezember sollte erneut eine Kundgebung der *IG Metall* auf dem Werksgelände stattfinden. Zahlreiche Arbeiter*innen der Nachtschicht machten jedoch schon vor deren Beginn deutlich, dass es nicht bei einer kurzen Kundgebung bleiben wird. Sie marschierten mit einer Demonstration durch die Hallen und holten nach und nach ihre Kolleg*innen von den Bändern ab und zogen zum Kundgebungsort. Was dann geschah, schildert Kupfer folgendermaßen:

>Praktisch die ganze Nachtschicht versammelte sich. Einige wenige Betriebsräte und der Vertrauenskörperleiter waren da. Er hielt eine kurze Rede, berichtete dass die Werkleitung nicht bereit war, die Fremdvergabe und das >Raubpaket< zurückzunehmen. Unmut und Zwischenrufe. Dann packt er das Megafon unter den Arm und wollte gehen. Er durfte gehen, das Megafon musste bleiben, dafür sorgten die Vertrauensleute. Die Kundgebung wurde fortgesetzt. Es sprachen auch Kollegen, die noch nie in einer öffentlichen Versammlung den Mund aufgemacht hatten. Die aktiven Vertrauensleute hatten bereits im Vorfeld mit ihren Gruppen Klartext geredet, dass die Aktion zu Abmahnungen führen könne. Teilweise gab es sogar Abstimmungen in den Gruppen, mit der einhelligen Zustimmung, heute Nacht ein deutliches Zeichen gegenüber Daimler zu setzten. Ein Vertrauensmann brachte es auf der Kundgebung auf den Punkt: >Ja, es kann eine Abmahnung geben. Mit dieser Abmahnung kann man zwei Dinge machen: sich entweder damit den A... abwischen. Oder sie einrahmen und zu Hause aufhängen, um

so den Kindern und Enkeln zu zeigen, was ein aufrechter Gang ist.‹ Riesenapplaus und schon drängte die Masse im aufrechten Gang zum Tor, stieg in die Autos und ging nach Hause.«

Diesmal legten die *Mercedes*-Arbeiter*innen nicht nur für kurze Zeit die Arbeit nieder. Fast die komplette Schicht fiel in dieser Nacht aus. Kein Auto lief von den Bändern. Mit einem ›wilden Streik‹ hatten die Bremer Beschäftigten, mitten in der für die deutsche Sozialpartnerschaft beinahe schon heiligen ›Friedenspflicht‹, die Produktion lahmgelegt. Ein angesichts des rigiden deutschen Streikrechts unglaublicher Vorgang, der sowohl die örtliche *IG-Metall*-Führung als auch die Konzernführung aufschrecken ließ.

Der Kampf der *Mercedes*-Arbeiter*innen fand inzwischen ein enormes Presseecho und Aufmerksamkeit über die Grenzen der Bundesrepublik hinaus. Solidaritätsschreiben von mehr als 120 Gewerkschaften und Gewerkschaftseinheiten aus der ganzen Welt, von Uruguay bis Mexiko, Südafrika bis Pakistan, Griechenland bis Frankreich, erreichten die Beschäftigten. Die Unternehmensleitung reagierte mit 761 Abmahnungen für Beteiligte des spontanen Ausstandes und machte sich auf die Suche nach den Rädelsführer*innen. Arbeiter*innen der Nachtschicht wurden ins Personalbüro zitiert und dort zur Streiknacht befragt. Mehr als 70 solcher Verhöre fanden statt, jedoch ohne Ergebnis.

Dreiunddreißig der Betroffen zogen gegen die Abmahnungen vor Gericht – ohne Unterstützung der *IG Metall*. Der 1. Bevollmächtigte der IG Metall Bremen, Volker Stahmann, verweigerte dem Streik der *Mercedes*-Arbeiter*innen seine Unterstützung und auch den Rechtsschutz für die klagenden Beschäftigten. Gegenüber der Tageszeitung *taz* bezeichnete er das Ziel der Abschaffung der Leiharbeit zwar als ehrenwert, aber unrealistisch. »Streik ist die falsche Strategie«, so Stahmann. Es gäbe keine arbeitsrechtliche Grundlage, die Einführung von Leiharbeit durch Arbeitskampf zu verhindern. Letztlich würde das Vorgehen der *Mercedes*-Arbeiter*innen der Forderung nach einem Generalstreik gleichkommen und er sei kein Freund »französischer Verhältnisse«.

Vor Gericht konnten die *Mercedes*-Arbeiter*innen zwar bisher noch keinen Erfolg erringen, um weiteren Rechtsstreitigkeiten zu entgehen, entfernte der Daimler-Konzern die Abmahnungen jedoch im März 2016 aus den Personalakten der Streikenden. Ihre Proteste für ein Ende prekärer Beschäftigungsverhältnisse und insbesondere das Verbot der Leiharbeit wollen die Bremer Mercedes-Arbeiter*innen jedoch gemeinsam fortsetzen. Denn auch wenn es bisher nicht gelang, die Leiharbeit in Bremen zu beenden, führten die stetigen Kämpfe doch immerhin zu kleinen Erfolgen, wie die Vertrauensleute des *Daimler*-Werks in einem ihrer Flugblätter festhalten:

> »Es gibt in unseren Reihen viele Fans des Verhandelns (wobei Aktionen maximal unterstützendes Beiwerk sein sollen), die diesen Zusammenhang abstreiten: Aber die Tatsache; dass das Bremer Werk mit am wenigsten von Fremdvergaben betroffen ist und gleichzeitig die meisten Aktionen dagegen gemacht hat, ist nicht vom Tisch zu wischen.«

Fazit

Noch immer sind prekäre Arbeitsverhältnisse in vielen Branchen auf dem Vormarsch. Die genannten Beispiele des Widerstands, sei es bei den Fahrradkurier*innen von *Deliveroo* und *Foodora*, den digitalen Tagelöhner*innen in der Crowd oder den Bauarbeitern der *Mall of Shame* zeigen jedoch: Es ist möglich, sich zu wehren.

Ob der Widerstand erfolgreich ist, hängt jedoch davon ab, ob es den Betroffenen gelingt, sich zusammenzuschließen und für ihre Rechte einzutreten. Das verstärkte Engagement der Gewerkschaften des *DGB* in manchen Bereichen der prekären Beschäftigung zeigt zudem, dass auch dort die Erkenntnis gewachsen ist, dass prekäre Beschäftigung sich nicht durch sozialpartnerschaftliche und gesetzliche Regulierung zurückdrängen lässt, sondern nur durch Organisierung der Betroffenen und den gemeinsamen Kampf für bessere Arbeits- und Lebensverhältnisse. Zugleich verdeutlicht der gewerkschaftliche Umgang mit den streikenden Arbeiter*innen im Bremer *Daimler*-Werk, dass dieser Prozess gerade erst begonnen hat und sich die Betroffenen so manches Mal auch gegen Vorbehalte in der eigenen Gewerkschaft durchsetzen müssen. Eine Auseinandersetzung, die sich jedoch lohnt.